解读

韩宇 ◎编著

科学家的 大智慧

上

中国出版集团

现代出版社

图书在版编目（CIP）数据

解读科学家的大智慧(上) / 韩宇编著. —北京 : 现代
出版社, 2014.1
　　ISBN 978-7-5143-2120-3

　　Ⅰ . ①解⋯　Ⅱ . ①韩⋯　Ⅲ . ①科学知识 – 青年读物
②科学知识 – 少年读物　Ⅳ . ①Z228.2

中国版本图书馆 CIP 数据核字（2014）第 008525 号

作　者	韩　宇
责任编辑	王敬一
出版发行	现代出版社
通讯地址	北京市安定门外安华里 504 号
邮政编码	100011
电　话	010 – 64267325 64245264（传真）
网　址	www.1980xd.com
电子邮箱	xiandai@ cnpitc. com. cn
印　刷	唐山富达印务有限公司
开　本	710mm × 1000mm　1/16
印　张	16
版　次	2014 年 1 月第 1 版　2023 年 5 月第 3 次印刷
书　号	ISBN 978-7-5143-2120-3
定　价	76.00 元（上下册）

目 录

第三章　中国杰出的数学大师：祖冲之

第四章　中国古代科学的集大成者：沈括

第五章　东方神医：李时珍

第六章　敲响"地心说"丧钟的人：哥白尼

第七章　近代实验科学的始祖：培根

第八章　意大利的科学英雄：伽利略

第九章　伟大的科学沉思者：笛卡尔

第十章　站在巨人肩上的：牛顿

第十一章　电脑革命的奠基人：莱布尼茨

第十二章　第二个普罗米修斯:富兰克林

第一章　倔强的科学之王：阿基米德

1. "几何学的妖怪"

提到科学的智慧，我们不能不怀着仰慕的心情去追寻地中海的文明，在那里我们能够发现一个影响世界科学之光的国土——古希腊，在那些散落的岛屿中间，我们记住了一个人和一个鸟屿——阿基米德和西西里岛。

公元前287年，阿基米德出生于地中海中部的西西里岛。

现在的西西里是意大利的领土，而在两千多年前，它却是古希腊的殖民地。随着希腊的衰落，西西里分裂成许多希腊化的小国。位于西西里东部的海港城市叙拉古（今译锡腊库扎），当时就是这些小国中的一个。它便是阿基米德的故乡。

阿基米德的父亲菲迪阿斯也是一位天文学家兼数学家。他一生研究地球、太阳、月亮的关系，计算星球间的距离，多有建树。

阿基米德长到7岁的时候，父亲为他请了最好的教师，教他数学、天文学、哲学和文学。流传的伊索寓言、荷马史诗，是阿基米德最爱听的故事。这些故事不仅给了他智慧，而且培养了他热爱生活、热爱祖国的高尚品质。

在阿基米德11岁的时候，菲迪阿斯将他送往埃及深造。埃及有一个港口城市亚历山大，聚集了许多第一流的学者和科学家，创造了为世人钦佩和叹服的学术思想。此外，城里还有当时世界上最大的图书馆，藏书达70万卷以上，那无疑是一个智慧的大宝库。

亚历山大城是埃及托勒密王一世开始兴建的王都。坐落在城市中央的王宫花园，是当时世界上著名的学术中心。那里的博物馆和图书馆吸引了来自希腊、印度、阿拉伯等地的求学青年。被誉为"几何学之父"的欧几里得，便在这座王宫花园中开办过学校，讲述他的著作《几何学原理》，传播他的学术思想。

阿基米德来到亚历山大的时候，欧几里得已经去世，他的学生埃拉托色尼便成了阿基米德的老师。师生之间感情甚洽，他们一起讨论数学、天文学、力学方面的问题，一起看戏剧，听音乐。每当风和日丽之时，他们还一起去散步或游览尼罗河。在这种融洽的关系中，阿基米德的知识和智慧一天天丰富起来。

阿基米德从11岁去亚历山大学习和工作，直到47岁才回到叙拉古，时间是公元前240年。这时正是他的创造力最旺盛的时期。他被委任为亥厄洛国王的顾问，继续从事数学和力学方面的研究。

公元前218年，罗马与迦太基发生了战争。叙拉古在罗马与迦太基的战争中站到了迦太基的一边，因而引起了罗马人的记恨。罗马帝国凭借着自己强大的军事力量，发动了对叙拉古的讨伐和进攻。

这时的阿基米德已是近70岁的老人。强烈的爱国思想使他走上了保卫祖国的道路。他把自己的晚年全部献给了抵御敌军的器械的研究，先后研制成功投石机、回转起重机等武器，一次又一次地打败了罗马军队的进攻。

由于阿基米德所发明的种种武器的威力，终使罗马军队攻占叙拉古的意图长期未能得逞。罗马的海军统帅马塞拉斯在吃了多次败仗以后，沮丧地说，阿基米德这个"几何学妖怪"使我们出尽了洋相。他神奇莫测的法术，简直比神话传奇中的百年巨人的威力还要高超多倍。

公元前212年的阿尔米达节（即月亮女神节）那天，叙拉古人在胜利中庆祝节日。美酒、篝火、舞蹈，叙拉古人沉浸在欢乐之中。

就在这时，狡猾的罗马军队竟趁月夜悄悄潜入叙拉古城。第二天破晓，罗马人的军号已在城内响起。叙拉古陷落了。

马塞拉斯立即派人去找阿基米德。他希望能够摒弃前嫌，利用阿基米德为自己服务。

此时的阿基米德正在海边沙滩上研究一幅几何图形。

当寻找他的士兵一脚踏在几何图形上的时候，阿基米德才从沉思中醒来。他愤怒地冲着那个罗马士兵喊道："滚开，不要弄坏了我的图！"

罗马士兵哪里忍受得了这样的训斥。他后退了一步，拔出剑来，对准了阿基米德的胸口。

阿基米德这才知道站在眼前的是自己的敌人。他只得请求罗马士兵给他最后一点时间，让他解完这道几何题，免得给世人留下一道尚未证完的难题。

但是，凶残的罗马士兵没有满足这位七十五岁的老人的最后愿望。

阿基米德为祖国、为科学流尽了最后一滴血，是一位真正捍卫科学的战士。

　　曾经有一个人，用他的智慧照亮了蛮荒时代的天空，使文明的曙光照耀着欧洲大地。他像一个纯真的孩童，沉醉在科学的翱翔中，浑然不受名利的影响，甚至连死亡的阴影也不能遮挡这种为科学而献身的巨大喜悦和幸福。这个人就是阿基米德。

2. 直率豪放与勤于思考

　　在湛蓝色的地中海的一个不起眼的小岛上矗立着一位科学的战士，他以睿智的眼光发现世界的秘密，是一位比无数国王还要伟大的巨匠！或者说，他就是第一个"科学的国王"。他就是阿基米德！

　　"我只有一个嗜好——不停地思考"，阿基米德曾经这样说过。

　　事实上他确实是一个善于思考的人，并且时常能够从日常生活中发掘出科学思想。

　　曾有一句名言："灵感是不会惠顾懒汉的，一个无所用心的人，即使一百个苹果砸在他的头上，也不会发现万有引力定律。"虽然这句话是关于牛顿的，但用在阿基米德身上也同样适合。大量繁琐的研究工作使阿基米德几乎没有空余时间去从事其他活动。可以肯定地说，阿基米德唯一的兴趣与爱好便是科学。

　　阿基米德的性格是那种高傲不屈，直爽豪放的性格。这与古希腊民族的性格有着密切关系。古希腊是一个比较强悍的民族，民风质朴，人们的性情属于比较容易激动的类型。因此众多希腊历史上的名人都是带有激烈奔放色彩的，阿基米德也不例外。他喷礴的激情如同维苏威火山一样强烈。这也是他取得成就的一个内在原因。

3. 在观察中寻求真理

伟大往往在平凡之中体现出来。阿基米德是一个善于观察生活的人，他往往能从极普通的日常现象中发现科学真理，在科学研究中，他的思维导向是侧重于一些不为人所注意的细致之处。这是他的一大优点。由此他取得了巨大成就，在埃及他发明了"阿基米德螺旋提水器"，并写了著名的《论螺旋线》。他还将圆周率 π 推算至 3.1409 ~ 3.1429 之间。在对几何学的研究中，他证明了圆柱体与其内接球体积之比为 3：2。

4. 完美的人生追求

有一次，亥厄洛要用纯金给自己做一个王冠，国王找到全国手艺最好的金匠，从金库里拿出足足两公斤重的黄金，让他以最快的速度打造一项世界上最好、最漂亮的王冠。金匠过了些日子就做好了，捧到亥厄洛面前，亥厄洛看到王冠金光灿灿，雕花镂鸟，实在是他见过的最漂亮的王冠了。但是，亥厄洛转身一想：金子是世间最有诱惑力的东西了，这个巧手的金匠会不会克扣些金子下来呢？

金匠好像看透了亥厄洛的心思，他说："陛下，金子的份量够不够，称称王冠不就知道了吗？"

"是啊。"亥厄洛点点头，命令仆人拿秤来，王冠放上去一称，不多不少，正好两公斤。

"陛下，没错吧？"金匠得意地说。

一个大臣对国王说："陛下请三思。如果金匠在王冠中掺银子，份量不是也可以一样吗？"

"是呀，如果里面掺了别的东西，我怎么能看得出来呢？"亥厄洛说。

"那只能请我们国家最聪明的阿基米德来想办法了。"大臣说。

亥厄洛于是召见阿基米德。让他在不损坏王冠的条件下，弄清楚金子里面有没有掺假。这可不好办了。王冠已经做好，又不能拆开来化验。阿基米德苦苦想了好多天，用了好几种办法，都找不到满意的结果。阿基米德一陷入这种激烈的思考中，总是弄得神情恍惚，蓬头垢面，像得了一场大病似的。这次，阿基米德又是连续几天没有睡觉了，更谈不到洗头洗脸了。他的仆人心疼主人，给他烧好洗澡水，满满地装了一澡盆，让他进去泡泡解解乏。

阿基米德走近澡盆，一条毛巾从他的肩上滑下来，掉进澡盆，满满的一盆水立即就溢出了些，他没当回事，一边脱衣服，一边想着心事，一失手，装满油膏的铁罐又掉进了澡盆，水又溢出了不少，他脱完衣服，跨进澡盆，这一回由于阿基米德的个子比铁罐和毛巾都大得多，澡盆里的水开始"哗哗"地往外流。

就像黑夜中划亮的一根火柴，阿基米德的思路豁然开朗，他精神一振，惊喜地狂喊道：

"攸勒加！攸勒加！（希腊语：我找到了）"

一边喊，一边朝屋外跑，他的仆人惊惶失措地跑过来给他披上衣服，他推开仆人，一边喊着"攸勒加！攸勒加！"一边朝王宫奔去。

叙拉古的市民惊奇地看着这个半裸身子的中年人，边跑边喊

"攸勒加"，还以为这个人发现了什么金银财宝呢。

王宫的门卫见一个衣冠不整的人朝这里冲来，还以为来了个疯子，横着兵器就过来了，要阻止他进去。

"这是阿基米德先生，放他进去吧！"侍卫长在旁边说。门卫恭敬地让开路，却在心里说："阿基米德先生这是怎么啦，不是中了什么魔法吧。"

亥厄洛正在宫里欣赏歌女们婀娜的舞姿，阿基米德冲了进来，慌得歌女们马上躲了起来。

"这是怎么了，阿基米德？"亥厄洛不满地说。

"攸勒加，攸勒加！"阿基米德欢呼着。他喘了一口气，说，"陛下，我知道怎样鉴定这顶金冠了。"

"是吗？快鉴定给我看看。亥厄洛急切地说。王宫里很快就摆上了两个大小完全相同的盛水罐，两公斤重的金子和两个接水的小罐。盛水罐是锡罐，罐口旁有管可以让里面装的水流出来。阿基米德让人在这种锡罐里装满水，然后，在一个罐里放下两公斤的金子，罐里的水溢出来，顺着罐口的管子流人有量度的接水罐中，流出来的水在接水罐的刻度上显示出三个刻度的高度。

基米德转身请国王拿出金冠，他捧着金冠，稳稳地放人另一个锡罐中，罐里的水很快又溢出来流人接水罐中，但显示出的高度只有两个刻度。

他以肯定的口气说："王冠里掺了别的东西，不全是纯金！"

亥厄洛像看魔术师的表演似地看完了阿基米德的表演，他睁大眼睛，怎么也看不出个究竟来，他问："这是什么道理？"

"道理很简单，尊敬的陛下"，阿基米德说，"任何一个东西，沉入水中，都会排开一部分水，排开的这部分水，就是这个东西的体积。好比说我今天去洗澡，我身子进入水中，满满一盆水中溢出来的部分就是我身子的体积。我的身子大，流出来的水就多，我掉进水里的毛巾和铁罐小，流出来的水也就少。"

"洗澡和王冠有什么关系呢？"国王越听越糊涂了。

"当然有，"阿基米德不慌不忙地说，"王冠如果是纯金做的，那么把它放进水里排开的水，就跟两公斤没有加工过的黄金故人水里排开的水一样多，如果金匠在里面掺了银子，由于银子比金子轻，所以假金冠放到水里排开的水，就比真金子少。"阿基米德滔滔不绝地说。

"噢，我明白了，亥厄洛嚷道，"现在这顶王冠排出的水比纯金排出的少，所以是掺假了。"

阿基米德微笑着点点头。

"天才，天才！"亥厄洛高兴地喊道，"你刚才喊着'攸勒加'，你又找到了什么呢？"亥厄洛问。

"我就是在身子进澡盆的时候，想到了这个用排水量多少来鉴别王冠真假的办法，这个办法难道不是攸勒加？"阿基米德说，俩人同时开怀大笑起来。

就这样，阿基米德发现了浮力定律，它做为液体静力学的基本原理，在他的《论浮体》这本著作中得到进一步的归纳和总结，也就是我们现在中学物理学中能够学到的阿基米德定律。

埃及是一个干旱少雨的国家。每逢旱季到来，农民们就忙着利用吊杆提水浇地。这是一种十分繁重的体力劳动。农民们在炎热的阳光下，一个个干得汗流浃背；从撒哈拉沙漠刮来的热风，把他们的嘴唇都吹裂了。

阿基米德看到农民们如此辛苦，便决心设计一种方便省力的提水工具。

他首先想到沿着一个斜面把水提升上去，一定会比垂直向上提水要省劲得多，而且斜面的坡度越小，省力越多，正如一个人爬一座平缓的山要比爬一座陡山省劲一样。但是，坡度越小，提升同样的高度，所走过的路程就会越长，也就是说，斜面必须延伸很远。显然，在一个很小的井筒里，是不可能容得下这么长的斜面的。于是，他又想到把斜面折成几折，变成类似于锯齿的形状。这虽然解决了斜面占地太大的问题，但要让水沿着被折叠过的斜面流动，其难度仍然很大。

他带着这个难题徘徊于室内，踟蹰于海边，总也找不到理想的方案。

有一天，海边沙滩上的一只海螺忽然触动了他的灵感：原来那海螺壳上的螺纹，正是一个被缠绕起来的坡度不大的斜面。如果设计一种像海螺这样的机械，就可以使斜面在一定的高度内以任意坡度来延伸。

有了这个思路以后，阿基米德很快设计和制造成功了一种省力的提水机械：让一个斜面绕在一根轴上，构成一个类似现在的螺杆式的东西。螺杆置于一个两端开口的圆筒内，一端装有可使螺杆转动的摇柄。这时，只要把圆筒的下端置于水中，再用力轻轻摇动螺杆，水就会沿着螺纹的斜面爬升，直到从圆筒的上端流出来。

从此，这种机械被称之为"阿基米德螺旋提水器"。它不仅很快从埃及传到了国外，被广泛用于提水灌溉或排除积水，而且至今在埃及的农村，还在使用着阿基米德在两千年前的这项发明。我们今天所见到的飞机和轮船的螺旋桨，机械中的各种螺杆，建筑物中的各种盘旋的楼梯，甚至连小小的螺丝钉，无一不是利用了"阿基米德螺旋"的原理，无一不是"阿基米德螺旋"的后代。

早春的叙拉古城，空气澄清，湛蓝湛蓝的天空中，没有一丝白云，阳光灿烂地洒在田野上、房屋上、海面上，蔚蓝色的海面，泛着微微波浪，与天空呈显出一样令人心醉的蓝色。海滨大道旁，人群熙熙攘攘，这个位于西西里岛经济贸易最热闹集中的港口城市叙拉古，在小贩们的叫卖声和过往水手的吆喝声中，拉开了一天的序幕。

离海滨大道不远的海岸边，一位年轻人浑然不知周围的喧杂和吵闹，他静静地坐在洁白的沙滩上，宽阔的额头，蕴藏着丰富的智慧，高高隆起的鼻梁，显示出纯粹的希腊血统，微微上翘的下巴，表现出他坚韧的性格，最有特色的是他的眼睛，深陷的眸子，海水一样湛蓝、清澈、透亮，闪现着睿智的光芒。

此刻他一动不动地凝视着海滩上两个嬉乐玩耍的男孩子，只见他们一会儿击水，一会儿奔跑，现在，正围着一块半人高的巨石比划着，看样子这两个调皮的男孩子想相互显示自己的力量，比赛把巨石推动。他们用手推，用肩扛，一个人不行，两个人一起上，用尽了吃奶的力气，甚至连腿、脚都用上了，巨石也才晃了晃。两个人站住了，交头接耳地商量了半天，好一阵后，一个男孩跑到远处去拎来一根胳膊粗的木棍，塞到石头底下，使劲用肩一扛，巨石很厉害地晃了晃，小男孩扔下棍子，高兴地蹦起来，另一个男孩也急忙跑到远处去拎来一根棍子，他也把巨石撬得晃了晃，两个孩子来了兴趣，把两根棍子一起塞进去，用肩扛着，巨石晃动着，骨碌碌地开始滑下海滩，滚进海里，跌出了一朵巨大的浪花，男孩子们欢欣鼓舞，又去撬另一块礁石。

这一回他们撬不动了。这个在旁边凝视了他们半天的年轻人，突然走了过去，拿过一个孩子手上的木棍，对另一个胖胖的男孩说："来，我们俩一起使劲，叔叔帮你们撬。"一高一矮两个人同时使劲，瘦一点的男孩也过来帮忙，终于在一鼓作气的努力下，粗粗的木棍仿佛产生了神奇的魔力，像有个无形的巨手援助似的，一下子推动起来，礁石跌入海水之中，孩子们欢呼雀跃，围着这位和蔼的叔叔问长问短，而这位叔叔不停地用手比划着木棍，陷入了沉思。

"叔叔，叔叔，"一个孩子对他叫着，"这个棍子有什么神奇的魔法吗？怎么那么重、那么大的东西，我们拿它一撬就撬动了呢？"孩子仰着小脸，稚气地问道。

他没有回答孩子的提问，他甚至都没有听见孩子的提问。他继续在空中变换着木棍的角度，像画符似地挥舞着。因为他的脑子里，也在思索着和孩子一样的问题，并苦苦地寻找着答案。

这位如醉如痴的人就是阿基米德。阿基米德回到叙拉古已经好几年了，他已经用自己的知识成功地帮助亥厄洛国王解决了好些难题，卓越超群的智慧使他被亥厄洛国王任命为国王顾问，成为国王处理事务不可缺少的助手。随着年龄的增长和阅历的增加，阿基米德的学术思想日益成熟，但他依然保持着孩子一样纯真的好奇心，这可贵的好奇心不断给予他追求真理的兴趣，引导他从琐屑平凡的小事中发现隐藏在物质运动深处的共性特征，这些共性特征，正是物质运动的基本规律。当然，揭示这些基本规律，无异于沙石中淘金，需要敏锐的观察力和持之以恒的毅力。今天，阿基米德在应召去亥厄洛国王王宫的路上，无意中看到并参与的撬巨石的小孩子游戏中，他感受到迫近发现真理的那种喜悦和急迫。由这件事，使他联想起在亚历山大里亚城求学的时候，奴隶们用木棒撬动他们平时搬不动的重物,这是为什么呢?并没有增加人手,仅仅是多了一根棒子,就使一个人增加了那么大的力气,难道木棒有奇妙的魔力吗?那里的学者也争论过这个问题,但并没有得到满意的答案。他们神秘地认为,是"圆"给了奴隶们力量,并进一步说,凡是物体沿着圆的方向运动就能省力。那么,"圆"的魔力又是什么呢?学者们解决不了这个问题。

今天,这两个男孩的游戏,又使阿基米德思考起这个问题。在冥想中,黑暗的天幕上亮着萤萤的思想小火花,起初是若隐若现,逐渐变得清晰,明亮,并慢慢扩大,突然,像一轮太阳从海面腾跃凌空,顿时霞光万道一样,思想的火花连成一片。他长吁了一口气,才发现太阳已沿着天空,走完了一天弧形的路程,已经快要沉没到海里去了。他的仆人站在他背后,焦急地看着他。看到他动了动,赶快走上前去,说道:"尊敬的主人,您已经整整一天在这里坐着一动不动了,连饭您也没吃,我喊了好几声,您都没听见。"

"是吗?已经一天了,我怎么不知道?"

"主人,请回去用餐吧。"

阿基米德点点头,站起来,头也不回地朝马车奔去。他拿起备在座位边的纸草和笔,把一天来经过冥想所想通了的东西,快速记在了本子上,他发现的是一个重要的东西,那就是物体的重心!

阿基米德又通过反复观察和思考,终于得出物体有重心的结论,并由此出发,对杠杆的平衡条件进行了数学的证明,从多年来以杠杆原理为基础的生产工具的许多实际应用中,总结出科学、全面、系统的杠杆定律。

今天的物理学课本把这个关系式表达为:

力×力臂=重×重臂

这就是所谓"杠杆原理"。有了这一原理以后，重物和力之间计算就成为可能了。从原则上来说，只要力臂足够大而重臂足够小，就可以用足够小的力撬起足够重的物体。因此，阿基米德给亥厄洛国王写信说："只要给我一个支点，我就可以撬动地球。"

5. 个性与创造

莎士比亚说："有时候个性意味着创造力。"的确，一个在科学上有巨大成就的人必定有鲜明的个性特点。个性与创造性是等价的。阿基米德便是一个有个性的人，他的与众不同，让他洞察了周围事物的不完美，而对完美的追求又让他完成了伟大的创造。可以说阿基米德是一个"孤独的思考者"。

科学之所以在黑暗的时代能成为一束光亮，激动人心，那是因为科学是启迪人们追求真理的灵光。有人说，没有科学，世界将会在愚昧中苦苦挣扎，相反，科学给人以激情和斗志，因为它的前面布满希望。阿基米德是奔向科学世界的战士，告诉人们——他吹响了科学的强音！

雅典民歌有句："世间有许多奇迹，人比所有的奇迹更神奇。"这种神奇与奇迹在古希腊的科学史上应当属于阿基米德！

第二章 世界天文学的奠基者：张衡

1. "地震仪的鼻祖"

你知道被英国科学家李约瑟称为"地震仪的鼻祖"的人是谁吗？当然，中国古代的张衡即为此人。这是中国人的智慧和骄傲！

在科技日益发达的今天，我们炎黄子孙往往会慨叹自己国家科技水平的落后，感叹与欧美发达国家差距的巨大。但是，在两千年前，张衡发明了世界上第一台水力驱动的星象仪，他发明了世界上第一台地震仪，他第一个成功地解释了月食的成因……他的种种成就都比西方至少先进一千年。在 19 世纪，西方侵略者第一次到达中国领土时，他们见到了他的成就，他们慨叹："这是东方的亚里士多德。"

张衡（78—139）是东汉科学家、文学家。字平子，南阳西鄂（今河南南阳县北）人。少年时喜欢读书，曾到长安、洛阳一带求学，就读于太学，博通五经，尤精天文、历算。数次被请入宫廷，但他都没有答应。因官僚、贵族过于骄奢淫逸，乃作《东京赋》与《西京赋》（合称《二京赋》），铺写长安、洛阳之繁盛，予以讽谏。安帝特诏征召，任郎中。后两度任太史令，掌管天象观测，撰天文学名著《灵宪》，指出"宇之表无限，宙之端无穷"，认识到宇宙之无限性。创制世界上第一台浑天仪。

阳嘉元年（132 年）又创制世界上第一台测量地震方向的候风地动仪。第一次正确解释了月食成因，指出月光乃日光之反照，月食系月球进入地影所生。当时神学目的论与谶纬迷信盛行，张衡上疏请予严禁。迁任侍中，遭宦官之谗毁，乃作《思玄赋》以表达情志。

永和元年（136 年）出任河间相，神事三年，整肃吏治，非常有成效。后上书辞官，没有批准，转任尚书。遗著有诗、赋、铭，如《灵宪》、《应闲》、《七辨》、《巡诰》、《悬图》等共三十二篇。其《同声歌》与《四愁诗》系五、七言诗始创时期重要之作。原集已佚，明人编有《张河间集》。139 年卒于尚书任上，葬家乡南阳西鄂。

1955 年国家发行了纪念张衡的邮票；1956 年政府拨款重修了张衡墓和平子读书台；1970 年，国际上用张衡的名字命名月球背面的一个环形山；1977 年又把太阳系中一个编号为 1802 的小行星命名为张衡星。这是中华民族科学智慧的魁力。

2. 秉性正直与酷爱机械

一个品性高尚的人往往不容于世俗社会。张衡是一个性格直爽的人，早年他曾想归隐山林，终身不仕，但未能如愿。在做官后，他又看不惯官场的黑暗，屡次与恶势力作斗争，所以他的仕途不顺，屡次遭贬，一生未得重用。但他又是一个心思缜密的人，计算能力很强，并因此而发明了众多的科学仪器，写出了许多开创性的学术专著。

张衡有两大爱好，其一是制造机械，他曾经制造过一只木鸟，内设机关，可以在天上飞数里而不落。他还造出过指南车，为皇帝出行引路。正是由于他的动手能力强，才使得众多精巧的科学仪器从他手中诞生。其中地动仪是最有名的，比西方先进一千七百多年。

张衡的另一爱好便是文学创作了，他对文学有着浓厚的兴趣，他本人又有很高的文学天赋。于是他成为东汉屈指可数的汉赋大家，他与司马相如、枚乘、班固齐名，号称"两汉四大家"。

3. 浑天仪的功能

动手能力的高低决定着科学研究的成败。张衡精通天文历算，且深明机械原理，对天文学和地震学有重大贡献。他在耿寿昌发明浑象的基础上，创制世界上最早利用水利转动的浑天仪，以为浑天说的演示仪器。为说明水运浑象系统，著有《浑天仪注》，可惜没能流传下来。公元132年发明侯风地动仪，这是世界上第一架检测地震的仪器。他第一次正确解释了月食的成因，说明月光是日光的反照，月食是由于月球进入地影而产生的。书中还提出宇宙无限的观点，并认识到行星运动快慢与距离地球远近有关。

4．察天地之器

永初五年（公元 111 年），汉安帝下诏让中央和地方大臣举荐一名有道德、有才能的人到京城里做官，当时鲍德正任大司农，他就把张衡推荐了上去。汉安帝对张衡的才学也早有所闻，于是"公车特征"，把张衡接到京城洛阳，拜为"郎中"。

按照规定，张衡一年后升为尚书郎，再一年又升为尚书侍郎。郎中、尚书郎、尚书侍郎乃一官之三级，都是尚书台衙门里的属员，职务是起草文书。张衡当这个官是不大费力的。他在公事之余，就专心研究起玄妙的天体结构来了。

天地究竟是怎样的呢？当时有两种解释法，这两种观点激烈地争论着。一是盖天说，一是浑天说。盖天说是一种很古老的学说，认为天是圆的，地是方的，天就像一口大锅，把地扣在里面。后来为了合理地解释日月星辰的出没等天象，人们又把"天圆地方"说做了几次修正，制造出一套"七衡六间"令人难以捉摸的理论，但天盖在地上的基本认识并没有改变。浑天说是一种新兴的学说，据说是西汉时期的天文学家落下闳提出来的，主张天包着地，天一半在地上，一半在地下。这种学说解释天象比盖天说方便。比如晚上为什么看不见太阳？利用浑天说就能做出圆满的解释。但有时也会使浑天说陷入难堪的境地，如太阳和月亮是怎样转入地下的呢？浑天说就解释不通了。再加上盖天说比较符合人们的直观感觉，所以在浑、盖之争中，盖天说还往往占上风。

张衡详细地研究了这两种学说，最后确认为，浑天说是比较合理的。他在前人研究的基础上，对浑天说加以修正发挥，使浑天说成了当时最圆满的一种天体结构学说。汉安帝听说张衡在天文上有高深的造诣，就在元初二年（公元 115 年），任命张衡为太史令。

张衡接任太史令以后，立即来到坐落在洛阳平昌门南的灵台。灵台就是当时的天文台。这座灵台是光武中元元年（公元 56 年）建造的，高九丈，周围二十丈，占地达四千四百平方米，有十二个门，上下两层平台，平台间有坡道相连，气势雄伟壮观。这里的总领导者是灵台丞，属太史令管辖。下面有候气的，候风的，候星的，候日的等四十多人，机构庞大，分工细密。

很快，张衡就发现，灵台的建筑虽然雄伟，但观天象的仪器却很陈旧。年久失修，不堪应用。他决定重新修造，特别是浑天仪，这是形象地体现浑天学说的一种重要的天文仪器，更应该好好地加以修改研制。

历史上记载制造浑象最早的是西汉宣帝时的大司农中丞耿寿昌（公元前 73 —公元前 49 年），他造的浑象是什么样子，史书上没有留下任何记载。大概只是一个刻满星辰的大圆球，用人力转动圆球，就可以演示不同的天象。张衡就在耿寿昌的基础上开始了辛勤研究制造新的浑天仪的工作。他花了一年的时间，先做模型进行试验。模型是用竹子做的。他把竹子劈开，刮削成簿簿的竹篾，在竹篾上刻上度数，然后圈成圆环，用细针穿连起来，这样，一个简易的浑象模型就造成了。张衡把这个模型叫做"小浑"。他利用这个模型对照着天象，不断试验，不断调整模型的构造和竹篾上的刻度，直到完全满意了，才叫人用精铜铸成正式仪器。

仪器制成了，为了使仪器自动运转，张衡叫人铸造了两把铜壶，壶底开孔，又巧妙地利用齿轮系统跟浑象联系起来。铜壶里注满水，水从壶底孔里流出，推动齿轮转动，转动的齿轮又带动浑象绕轴转动。张衡前后花了一两年的时间，到公元 117 年（安帝元初四年），一架用水力推动，可以自行运转的浑天仪终于诞生了！

张衡的浑天仪惊动了京都的学者，他们纷纷来到太史令官邸，争先恐后地参观张衡的杰作。浑天仪在制造房里放着，一走进制造房，就会看到在房子正中有一个直径足有四尺多的大铜球，放在一个精制的架子上，铜球上铸着二十八宿中外星官，闪光耀眼。铜球外面还有几道铜圈，加上复杂的漏水转动装置，气势磅礴，令人赞叹不已。铜球在漏壶的推动下缓缓地转动着。

一位学者请求张衡："张太史，是否能给我们介绍一下仪器的构造？这一道一道的铜圈都是做什么用的？"

张衡微笑着点头说："可以，可以！"接着他就指着浑天仪的有关部分，详细地讲解起来：

"这个大铜球象征着天球，球是空心的，这拦腰一道铜圈是地平圈，使天球一半在地上，一半在地下。球体里面有根铁轴斜穿球心，叫做天轴，天轴与地平成三十六度夹角。天轴与球有两个交点，上为北极点，下为南极点。这一道铜圈是黄道圈，象征着太阳运行的轨道。这一道是赤道圈，与黄道圈互成二十四度的交角，黄赤二道上都刻有二十四节气，从冬至点起，分成三百六十五又四分之一度，每度又分四格，太阳每天在黄道上移动一度。天轴的这一端通过齿轮与漏壶联结，借助水力，天球就可以绕天轴自动旋转，仪器所表示的天象与实际天象是完全相符的。"

学者们对浑天仪这巧妙的构造很是惊奇，但对其是否能准确地演示天象表示怀疑。有一位学者问张衡："张太史，是否让它演示一下？"

　　张衡说："我正想请各位大人鉴定一下仪器是否精确呢？天黑以后，可以把门窗关严，让屋里的人看不到外边的星空。你们可以分成两组，一组在屋里看着仪器，不断向外面报告仪器上所表示的天象情况，一组在屋外观察星空，看是否和屋里仪器上的情况相符。"

　　学者们很高兴，按照张衡的部署很快安排停当。

　　入夜，夜空繁星点点。不一会儿，屋里的人报告说："月亮正在升起。"屋外的人也看到东南方向升起一弯明月。接着屋里的人又不断报告：某星已升起，某星已到中天，某星转入地下……，皆与屋外的人看到的实际天象相合。

　　试验完毕，屋内外的人一起把张衡围了起来，纷纷向他祝贺，称赞道："这真是巧夺天工的伟大发明啊！"

　　东汉时期，我国中原一带经常发生地震。公元 89 年 7 月，会稽发生了一次大地震，使南山崩裂。两年后，又发生一次，波及了十三个郡国，南阳郡就在其中。这次地震，张衡亲身经历过了。此后三十多年间，竟发生了二十五六次较大的地震。张衡任太史令期间，地震更是频繁。公元 115 年、116 年、119 年、122 年、124 年、125 年，每年都发生两次大地震。地震使山崩地裂，江河泛滥，房屋倒塌，人畜伤亡，人民的生命财产受到重大损失。

　　在当时，收集各地的地震情况是太史令的本职工作之一。张衡想造一架能测定地震的仪器，以便及时掌握全国各地的地震情况。

　　公元 132 年，张衡的地动仪制成了，这是世界上第一架观测和记录地震的仪器。张衡去世以后一千多年，公元 13 世纪，外国才有人造出了类似的仪器。《后汉书·张衡传》中是这样描述地动仪的形状和构造的：

"以精铜铸成，圆径八尺，合盖隆起，形似酒尊，饰以篆文山龟鸟兽之形。中有都柱，傍行八道，施关发机，外有八龙，首衔铜丸，下有蟾蜍，张口承之，其牙机巧制皆隐在尊中，覆盖周密无际。如有地动，尊则振龙，机发吐丸，而蟾蜍衔之，振声激扬，伺者因此觉知，虽一龙发机，而七首不动，寻其方向，乃知震之所在。"

公元133年4月，京都发生地震，张衡的地动仪准确地测到了。公元135年12月，公元137年4月，公元138年2月，京都又连续发生地震，张衡的地动仪都测到了，没有一次失误。公元138年闰二月的一天，地动仪头向西北方向的一条龙吐出了铜丸，而人们却丝毫没感觉到地动。于是京师的一些本来就对张衡的地动仪持怀疑态度的学者就说地动仪不准，它只能测京都附近的地震。过了三四天，甘肃陇西的驿使骑马来到了，报告那里发生了地震。在事实面前，那些对地动仪持怀疑态度的学者服输了。大家都说，这架仪器"验之以事，合契若神"。从此，我国开始了用仪器远距离观测和记录地震的历史。

5. 智慧的组合

张衡的成就首先与他所处的重要位置密切相关，他的发明需要强大的经济基础。如果有这样的头脑，却没有这样的财力的话，他也许会成为一代名医。中国古代名医辈出与此不无关系，因为医者可以单枪匹马闯天下。

张衡确实是自动机械的先驱和天才，浑天仪和地震仪中的理论和技术含量都是十分丰富的，光这些理论和技术就足以让后代受益无穷，然而官僚体制却阻止了他进一步改进和发扬这些技术。张衡的创造性发明是实用到实用的典范，从实用的目的出发，直接达到实用的结果，这足以说明中国人在应用技术方面的天才。按照一般规律的实用到理论再到实用的过程，由于不注重理论的探索，不利于更深入的技术发展。

另外，我们从张衡身上也可以看到：只有人文科学与自然科学结合，才能有伟大的创造。

从科学史上看，凡是在每一个时代处于科技前沿的科学大师，他们的知识构成都不是畸形发展的。他们不是只懂理工知识而无人文修养的。张衡便是最有代表性的一个例子。他既是一位科学家，又是一位文学家，知识的广博让他在更大范围上认知了世界，并改造了世界。

的确，张衡是中国古代科学巨匠的代表。

第三章　中国杰出的数学大师：祖冲之

1. 以真为知者

中国古代的科学光芒在祖冲之身上的体现是对"$\pi \approx 3.14$"的证明，其科学规律是以真为知。

祖冲之，字文远，河北涞水人，生于 429 年，死于 500 年。祖冲之生活在南朝的宋、齐两代。从青年时代起，祖冲之就对天文学和数学发生了深厚的兴趣，他在总结前人丰富经验的基础上，通过自己的实际考察，经过艰苦的观测与推算创制了一部新历法《大明历》。

祖冲之自幼聪敏好学，不仅注意钻研各种科学知识，而且重视文学和思想修养。他兴趣十分广泛，在家庭的严格教育下，整天博览群书，搜集资料，整理笔记。他对历史上的许多研究成果既重视吸取，又不盲目推崇，而是联系实际结合个人的研究成果，吸取其精华，对其错误内容敢于提出批评。

祖冲之意志坚强，学习刻苦，善于独立思考，勇于探索真理，从而赢得了周围人们的拥护和宋朝政府的重视。由于他的才干和学识，当时宋朝当局派他到国家最大的研究机关——"华林学省"从事研究工作。在这期间，他更日以继夜地学习、探讨、写作，从而为他后来取得巨大成就打下了良好基础。

从南朝宋文帝元嘉年间开始，使用何承天创制的历书，比以前的十一种历法更具有严密的科学性。但祖冲之认为它还是粗疏，于是就再变更创制新的历书，他上书说明这件事。孝武帝让朝廷中擅长历法的人诘难他，不能够让他屈服。恰好皇帝死了，创制新历书的事就没能施行。

祖冲之历任娄县县令，谒者仆射。当初，宋武帝平定关中，得到姚兴的指南车，有外边的构架而没有里面旋转的机械，每次运行，让人在里面转动它。南朝宋顺帝升明年间，肖道成辅佐政事，让祖冲之迫寻研究古代的方法。祖冲之改造铜机，旋转不停，而始终指示一个方向，马钧以后还没有过。当时北朝人索驭瞵也说能制造指南车，高帝让他和祖冲之各造一辆，在乐游苑中相互校试，由于索驭骈的差错，于是就毁掉放火烧了。西晋时杜预有巧妙的构思，制造了一种巧器，改了三次也没做成。永明年间，竟陵王肖子良喜好古物，祖冲之制造了一种巧器献给他，和周庙里的一样。文惠太子肖长懋在东宫，见到祖冲之的历法，上奏南朝齐武帝实行。文惠太子不久死了，这事又搁下了。

祖冲之又转任长水校尉，掌管自己的本职工作。向皇帝写奏书《安边论》，要开辟屯田，扩大农业种殖。南朝齐明帝建武年间，明帝想派祖冲之到各地去巡视，兴起修造大业，可以对百姓有利，因当时连续有军事行动，事情竟没能施行。

祖冲之的后半生，由于朝政不稳定，他研究科学的情绪曾一度受到影响。但为了科学事业，为了造福于人民，他以坚强的毅力安定下来，并结合周围环境和个人情况，从研究科学转向研究文学、政治和军事。到了晚年，他仍孜孜不倦地学习、钻研、写作。他奋发进取，辛勤耕耘，始终如一，从而取得了惊人的成绩。

2. 刚直不阿与追本溯源

祖冲之的最大特点是刚直不阿，实事求是，追求真理，在真理面前从来不向任何人让步。因此他常常对某一个问题追本溯源。当时宋朝官员主张维护旧的历法，而祖冲之认为旧的历法不仅不精确，而且有许多错误，应当改用新的历法。他不怕权贵，实事求是的作风传为佳话。

有这样一个故事：祖冲之经过多年的研究和观测发明了新历法——《大明历》，但上层人物和封建保守势力极力反对新历法。这件事反映到皇帝那里，由于问题复杂，皇帝左右为难，最后只好决定公开辩论。当时保守势力的代表人物戴法兴依仗权势与祖冲之辩论，由于戴法兴不学无术，对历法一知半解，被祖冲之问得无话可答。最后戴法兴厚颜无耻地说，即便旧历法有错误也不能改，因为历法是古代传下来的。由于祖冲之是根据科学事实和观测结果得到的《大明历》，是符合实际的，而且他说理充分、透彻，有根有据，最后皇帝决定改用祖冲之发明的新历法。这是科学和新思想的胜利。

祖冲之是一位有真才实学的大科学家，但他从不摆架子，高高在上，而是经常接触劳苦大众，注重联系实际，虚心听取有实践经验的人们的意见。他通过调查研究，了解劳苦大众的困难所在，从而更加刻苦钻研，并亲手制造器械，为人民解决生活中的一些困难。一千多年以前，这样一位有才华的大科学家不但重视理论研究，而且注意理论联系实际，经常接触劳苦大众，以自己的行动为人民造福，这种精神是值得后人学习和歌颂的。

祖冲之不仅自己一生刻苦学习，努力奋斗，认真钻研科学技术，而且注意培养后代，以自己的榜样教育影响青年。特别对他的儿子祖暅要求更加严格，经常教育祖暅艰苦奋斗，辛勤劳动，学好本领，继承自己的事业，造福于人。

由于祖冲之一生刻苦钻研，追求真理，大胆创新，认真实践，使他在数学、科技、文学等许多方面取得了巨大成就，有些处于世界领先地位。

3. $\pi = 3.1415926$ 与 3.1415927 之间

祖冲之是一位勇于探索、追寻真理的人。他一生热爱科学，刻苦钻研学术，除了在机械制造方面有所发明之外，更在天文历法和数学的研究上取得了伟大的成果。

"搜炼古今"绝不是祖冲之的自夸之辞，他曾经研读多种古代历法，但祖冲之也决不"虚推古人"。在仔细地分析、比较了《黄帝历》、《颛顼历》、《夏历》、《殷历》、《周历》和《鲁历》等历书之后，他发现这些曾被奉为经典的历法都有着疏略和错误，在时间计算和节气划分上不够精密，有许多可以修正的地方。接着，祖冲之又深入细致地研究了现行的《元嘉历》。《元嘉历》是当时著名天文学家何承天编定的，堪称当时第一流的历法，并且得到朝廷的支持，是一部特准颁行的历法。可是祖冲之本着科学的实事求是精神，勇敢地指出它仍然不够精密，存在一些粗疏缺漏和错误的地方。他认真地做了大量的推算，进行了长时间的实际观测，补足纠正了《元嘉历》的缺漏和错误。

祖冲之决定编制新的历法，把自己的创见和对前人书中错误的匡正，都写入了新的历法——《大明历》之中，而且把它报呈朝廷，建议施用。祖冲之的这一做法，在朝中引起了一场轩然大波，新的历法遭到保守势力的大肆围攻。但是祖冲之坚持科学、坚持真理，勇敢地与保守派进行了理直气壮的辩论，指出了旧历法不足之处，终于使朝廷做出了采用新历的决定。

除了天文历法方面的重大成就外，祖冲之还通过接触生产、研究天文、制订历法、核算度量衡等实践活动，对于科学技术发展做出了多方面的贡献。在数学上，他算出圆周率 π 的数值在 3.1415926 与 3.1415927 之间，准确到小数点后七位。直到一千年以后，15 世纪阿拉伯的阿尔·卡西，16 世纪法国的维叶特才超过了他的成果。祖冲之还提出 π = 355/113（= 3.1415929），并把它称为"密率"。这是分子分母在 1000 以内的圆周率的最好的分数形式近似值。这个数值也是一千年后才由德国人奥托和荷兰人安托尼兹重新得出。但在西方数学史上，π 的这个分数形式近似值却被称为"安托尼兹率"。

阅读前人的著述，要经过自己的思考和科学的研究，这就是祖冲之的读书方法。不迷信古人，能够批判地接受前人的遗产，善于从书中读出"错"来，敢于推翻前人的错误结论，是一切严肃的学者的共同秉性。正由于祖冲之是这样一位严谨的人，他才取得了以《大明历》和"祖率"为标志的不朽成就。

4."空话是吓不倒我的！"

经过多年坚忍不拔的努力，462 年，33 岁的祖冲之终于编制出了新历法——《大明历》。这部历法，既考虑了岁差的影响，又修改了传统的闰法。而且使用相当精确的数据，因此比以往所有的历法都要先进和科学。

《大明历》编成以后，祖冲之上表给宋孝武帝，请求他颁布实行。宋孝武帝命令主管天文历法的宠臣戴法兴进行审查。戴法兴思想顽固保守，他反对改革历法，极力反对《大明历》。对于戴法兴的刁难、攻击，祖冲之寸步不让，毫不畏惧地同他进行了唇枪舌剑的辩论。

戴法兴摆出一副权威的架势说："日月星辰的运动，有时快，有时慢，是变幻莫测的。"

"不对！"祖冲之批驳说，"日月星辰运动有一定的规律，这是有事实证明的。"

"你胡说！"戴法兴提高嗓门吼道，"天上东西的快慢变化，决不是凡夫俗子可以推算得出来的！"

祖冲之胸有成竹地说："你不要唬人，这些快慢变化并不神秘，通过观测研究，完全可以推算出来。"

理屈词穷的戴法兴蛮横地宣称："历法是古人制定，代代相传下来的，万世也不能更改，即使有差错，也应该永远照用！"

"我们决不能盲目迷信古人！"祖冲之理直气壮地反对说，"明明知道旧历法有错误，还要照用，这岂不是错上加错！"

祖冲之有理有据的争辩，使戴法兴恼羞成怒了，他拍着桌子疯狂地威胁说："谁改动旧历，谁就是亵渎上天，叛祖离道！"

"请不要用空话吓人。"祖冲之义正辞严地说，"你如果有事实根据，尽管拿出来。老实说，空话是吓不倒我的！"

虽然辩论以戴法兴失败告终了，但是他有权有势，朝廷的人谁也不敢得罪他，所以《大明历》没有被通过。直到510年，由于许多天文观测事实一再证明了《大明历》的正确，《大明历》才得到正式推行。令人遗憾的是，这时候祖冲之已经去世10年了。

5. "搜练古今，博采沈奥"

祖冲之善于继承前人的科学遗产，他"搜练古今，博采沈奥"，"考往验来，准以实见"，虚心学习而不盲从迷信，一切都要进行分析和鉴别，经过自己的消化和理解，而他的检验标准仍然是实践。祖冲之的这种实践精神、批判精神，实事求是和精益求精的科学态度，以及他丰富的实践经验和掌握的大量第一手资料，是他创制《大明历》，取得一系列科学技术成就的坚实可靠的基础，同时也是他驳斥戴法兴之流不可知论等最有力的武器。

祖冲之一生取得如此巨大的成绩，原因是多方面的，既有社会因素，又与家教、周围环境有关，最主要的还是个人的主观努力。

（1）祖冲之当时所处的时代相对说比较稳定，长江流域经济发达，工农业生产有了很大进步，这就要求科学家联系生产实际，改进科学技术。而科学技术的发展又推动了生产的发展和经济的繁荣，只是由于连年战争，好景不长。另一方面祖冲之的家世有一定的科学文化素养，先辈又在朝当官，这和祖冲之的成才也有一定关系。

（2）祖冲之具有朴素的唯物主义思想，实事求是的作风，不迷信古人，追求知识，追求真理，勇于创新的精神，以及学习刻苦，理论联系实际，一丝不苟的品德。即使在逆境中，他仍能安下心来，孜孜不倦地学习、创造。

（3）祖冲之富有革命精神，敢于同儒家保守思想作斗争。他对各种事物敢于大胆设想，勤于实践，正如他自己所说："亲量圭尺，躬察仪漏，目尽毫厘，心穷筹策。"他这种经常进行精密的测量和仔细推算精神，对他的成才和取得一系列重大成果起了很好的作用。

第四章　中国古代科学的集大成者：沈括

1. 创作《梦溪笔谈》

在西方，总能看到许多科学全才，这是因为他们的知识体系所致。如果问，中国的科学全才是谁，那么沈括当之无愧！

沈括（1031—1095）是中国古代的科学家、政治家。字存中，北宋杭州钱塘人，出生于封建官僚家庭。仁宗嘉佑进士，历任县令、知州、司天监、军器监、翰林学士等官职。

沈括少年时期，随父游历各地，广识卓见，显示出超人的才智。1054 年其父去世后，他开始进入官场，到江苏沭阳县任主簿，在当地兴修水利，使七十万亩良田得到灌溉。嘉佑六年（1061）任宣州宁国县令，又主张修复"万春圩"。沈括在位期间一直积极提倡兴修水利、重视发展农业生产。

1063 年，沈括到东京应试，举进士第。1066 年，被调进京担任昭文馆校勘，这使他有机会阅读和利用当时的皇家图书馆中丰富的藏书。在 1074 年以前这段时间里，沈括还担任过许多官职，其中做司天监的兼任负责人时间最长。在这段时间里，他对天文、历法进行了深入的研究。沈括很重视仪器的改进，并亲手研制，写了

《上浑仪》、《浮漏》、《景表三仪》等文章。

沈括还提出了采用太阳历——"十二气节"的主张。熙宁七年（1070），宋神宗下令推行王安石新法，沈括积极地参加了变法运动，是王安石的助手之一，担任重要职务。他还精心研究了阵法、城防，参与编写了《修城法式条约》，可见沈括的军事才能也很出色。1082 年由于徐禧失陷永东城，他受到牵连，被诬告而贬职，流放到湖北随县。1086 年起直到去世，居于润州（今镇江）东郊，筑梦溪园，在此度过晚年。著名的历史巨著《梦溪笔谈》便在此间写成。

《梦溪笔谈》是中国科学史上的坐标，是沈括一生社会和科学活动的总结，内容极为丰富，包括天文、历法、数学、物理、化学、生物、地理、医学、文学、史学、考古、音乐、艺术等共 600余条。其中 200 来条属于科学技术方面，记录了不少沈括自己的创见。例如：采用太阳历的建议，铜壶滴漏的讨论，凹面镜的解释，透光镜的探讨，对若干地理地质现象的正确解释，对化石现象的解释，对盐类晶体的论述，各种药方的搜集等等。许多成就不仅在中国科学技术史上占有重要地位，在世界科学技术史上也占有重要地位。

2. 有胆识地热爱科学

沈括一生最大特点是一面从事政治活动，一面进行科学研究，即使在繁忙的工作中，也挤时间读书、研究、写作。这是他一生成功的源泉。

沈括追求真理，敢于向保守势力进行斗争。当时一些碌碌无为、不学无术的官员和社会上的保守势力排挤打击有真才实学的人，沈括也在被打击之列。面对保守势力的排挤打击，他从来不退让，而是针锋相对，讲究策略。沈括被任命为司天监以后，首先选拔年轻有为、有科学知识、有胆有识、能吃苦耐劳的新人。他不顾保守派和顽固势力的反对，而是据理力争。当时反对他修改历法的人很多，特别是一些有权势的大人物对他施加压力，在这些人面前他镇定自若，依然是我行我素，大胆设想，勇于探索。

沈括生活朴素，尽管他身兼要职，仍过着比较清苦的生活。他想人民所想，喜欢接近群众，愿意为大家办好事，善于制定一些有利于人民的政策。

为了兴利除弊，富国强兵，沈括无论是任地方官吏，或是任中央政府官员，或是外交出使，或是任边疆统帅，他都恪尽职守，兢兢业业，任劳任怨，表现出对工作认真负责的精神。因此，他一生政绩斐然，所在之处，都得到人们的好评和赞赏。

3. 潜心观察研究

沈括是一个意志坚强的人，学习刻苦，工作认真，在科研的方向上与众不同，他既重视理论，又重视实用，既注意各科的相互关系，又注重重点攻关的项目。他接触面广，能取百家之长，这对他的创造发明有一定的促进作用。

沈括善于总结前人的经验，并能结合当时当地情况，想出一些切实可行的政策。在他一生的各种活动中，有时也向反动势力屈服和让步，所以他的一些好的想法和政策往往不能落实。

沈括在科研和治学过程中善于观察，曾在温州实地考察了雁荡山的地貌和气象情况，通过观测记录了大量资料。他善于实践，重视科学研究中的事实。他谦虚、谨慎，忠实可靠，不搞阴谋诡计，不搞虚夸。他思想敏锐，学用结合，能洞察社会的真实情况。他敢说敢做，支持新生事物，珍惜人才，爱护人才，培养人才。几百年来有许多优秀人物把沈括当成自己的榜样。

沈括一生好学，从他的著作中可以看到，他博览群书，广泛地吸取了前人的知识。除书本知识外，他还非常注意向同时代的各类人士求学。例如，据林灵素的《苏沉内翰良方序》中记载，沈括在学医过程中，"凡所至之处，莫不探究，或医师，或里巷，或小人，以至干大夫之家，山林隐者，无不访求。"在广泛吸取前人知识的基础上，他又勇于探讨新的问题，提出自己的新见解。因此，他能把自己造就成为一个博学多才的学者，在学术上取得辉煌的成就。除自然科学方面的贡献外，他在社会科学和人文科学方面也都有重大的成就，其成就涉及到社会、经济、历史、外交、军事、考古、音律、绘画、书法、诗词等学术领域，堪称当时百科全书式的学者。这些学术成就，充分反映了沈括勤奋好学而又锐意进取的治学精神。

沈括还具有实事求是的科学精神和谦虚谨慎的治学态度。对于他所观察到的一些事物的现象，经过探研后若无能窥知其产生的原因，他就只是作了如实的记录，并注明不知之所以产生的道理。

沈括博学而又擅长写文章，对天文、方志、律历、音乐、医药、卜算等，全都通晓，皆有论著。又把平日和宾客的言谈记录下来，写成《梦溪笔谈》，书中记载的大多是他在朝廷经历的重要的事情和年高而有声望之人的生平业绩，书流传于世。

沈括的一生在数学、物理学、天文学、地质学、地理学等方面都作出了贡献，是一位伟大的科学家。

4. 巧谏妙言

当时朝廷广泛登记百姓的车辆，人们不明白朝廷的意图，相互影响产生忧虑。市易司担心对四川私贩井盐的人不能禁止，想将私井全部填塞而运输山西解县的池盐来供给使用。谏官认为这两件事交织在一起难以处理，宋神宗对谏官的话都不理睬。沈括在皇帝身边侍奉，皇帝问他："你知道登记车辆之事吗？"沈括回答说："知道。"皇帝说："这种做法怎么样？"沈括回答说："我想问一下登记车辆做什么用？"皇帝说："契丹人作战以骑兵取得胜利，不用车辆没有办法抵挡他们。"沈括说："车战的好处，在历代都有表现。然而古人说的兵车是轻型车，五匹马折冲旋转，便于快速行进。现在民间装行李的载重车又大又重，一天走不了三十里，所以世人称它为太平车，只可以在没有战事的时候使用。"皇帝高兴地说："其他的人都没有提到这一点，我要考虑一下。"

5. 实践中求真知

沈括所以在许多方面取得重大成就，并不是偶然的。他比较正确地认识到科学技术知识的来源，比较正确地认识到群众在科学技术发展中的作用，并且，他有一种刻苦学习、深入钻研和实事求是的治学态度，还有对事物细致的观察和广博的知识，这些都对他的成功起到了很重要的作用。正如他在《梦溪笔谈·白序》中这样说到："我辞官后住在林下，深居简出，谢绝同别人的往来，回忆平日和客人谈的那些话，便时常用笔记一些事情，则对谈话若有所悟，日子平淡地过去，能交谈的，只有笔和砚台罢了，所以叫作《笔谈》。关于皇帝国政及有关宫廷的事，即使是好事，我也不打算记下来，这不止是不言人的恶处。我所记录的只是山间林下，可以任意谈笑的事，同人们无利害关系的事，以至街谈巷议，全都记上。也有的是从传闻中记录下来的，这中间也难免有缺漏错误的地方。"这说明，沈括注重实践，把科学知识建立在实践的基础上。离开这一点，或者说他不深人民间，是无法完成这部具有影响力的科学巨著的。

第五章　东方神医：李时珍

1. "医中之圣"

李时珍，中国古代著名药物学家，是一位"药圣"，约生于1518 年左右，年轻时中过秀才，但此后屡试不中，一气之下，他秉承父业当了医生。他用了三十年的时间，完成了一部世界闻名的巨著《本草纲目》，但他生前并未看到此书的出版，他于 1593 年逝世，三年后《本草纲目》才刊行问世，随即风靡世界。

1955 年，李时珍被联合国教科文组织定为首批"世界历史文化名人"。

2. 谦虚的"神医"

李时珍是一个非常有毅力的人，为了编写《本草纲目》，他四处考察，不惜亲身试验药性。他花了三十年时间才完成了这部近二百万字的巨著，为人类留下了宝贵的遗产。

同时，李时珍也是一个非常谦虚的人，他认为他的成就不少是来自于前人，不是他的功劳，他曾经说过："吾尝夙夜忧思，傥不砺精勤研，其以何面目见先贤乎?"

李时珍因为出身于世代为医的家庭，所以他从小就对动植物有特别的兴趣。他对各种药物的来源配方都有精确的研究，以至于十几岁时，他就成了远近闻名的"神医"。

3. 珍贵的《本草纲目》

李时珍一生中写过不少的医书，但最伟大的莫过于《本草纲目》。在王世贞为《本草纲目》写的序言中有这样一段话：你如果把《本草纲目》读通，就会发现自己像走进金谷之园，金光、宝石争放异彩；又好像迈人龙宫风阁，宝藏悉陈，琳琅满目。《本草纲目》如洁白的冰壶，明净的玉鉴，站在它的面前，会把自己照得一清二楚，连毛发都可以数清。王世贞还称赞《本草纲目》"实性理之精微，格物之通典，帝王之秘录，臣民之重宝"，他称李时珍是"北斗以南一人"。这些话并非溢美之词。从价值和贡献看，对《本草纲目》和李时珍本人这些评价都当之无愧。

《本草纲目》虽内容丰富，记述药物详尽，文字量大，但由于采取析簇、区类、振纲、分目，所以博而不繁，详而有要，综核究竟，直窥渊海。全书共五十二卷，下分序例二卷、百病主治药二卷、水部一卷、火部一卷、土部一卷、金石部四卷、草部十卷、谷部四卷、菜部三卷、果部五卷、木部四卷、服器一卷、虫部四卷、鳞部二卷、介部二卷、禽部二卷、兽部二卷、人部一卷。在正文之前，先有总目、实物图谱（各种药物图一千一百十幅）；接着是序例，包括历代诸家《本草》，引据古今经史百家书目、古今医家书目，气味阴阳，升降浮沉，四时用药例，药名同异，服药食忌，百病主治药等。全书层次分明，条理井然。它既是一部《药典》，又是一部《医著》，还是一部《方书》，实为医药工作者之向导。

《本草纲目》对祖国药学的贡献，还表现在：第一，纠正了以往《本草》中的谬误；第二，增进了三百七十四种新药。过去的《本草》把黄精误认为就是钩吻，旋花就是山姜，这次得到了纠正；葳蕤、女葳二物错并一条，李时珍又把它分开；天南星、虎掌本是一物二名，过去《本草》说成二物，《本草纲目》中把它改正过来；以前把生姜、薯芋误列果品，其实属菜，这次编入菜部；把水火混注的硝石、碇硝，给以区别开来；以往把五倍子误认为木，其实是构虫之窠，李时珍把它正名过来。如此等等。更重要的是，过去古本《本草》没有记述，而当时又是常用的药物，像磨刀水、潦水、桑柴火、艾火、锁阳、山奈、土茯苓、番木鳖、金柑、樟脑、蝎虎、狗蝇、白蜡、水蛇、狗宝、秋虫、三七、地罗、九仙子、蜘蛛香、猪腰子、勾金皮等等共三百七十四种，都写进了《本草纲目》，从而大大丰富了祖国的药学内容。

《本草纲目》还扩充药物的应用范围，提高了用药的准确性。南北朝时期有医药学家叫徐之才，他发明了著名的"十剂"，即宣、通、补、泄、轻、重、滑、涩、燥、湿剂，在药学发展史上产生很大影响。李时珍对此不仅做了全面继承，而且加以重要的发挥。比方"十剂"中的湿剂，徐之才说：湿可去枯，白石英、紫石英之属是也。徐在这里既没有说明枯病的发病原因，又没有区分枯病的种类，用药也只是简单的白、紫石英两种。李时珍在《本草纲目》中，全引徐之才注文之后，补充写道："湿剂当作润剂。枯者燥也，阳明燥金之化，秋令也，风热怫甚，则血液枯涸而为燥病。上燥则渴，下燥则结，筋燥则强，皮燥则揭，肉燥则裂，骨燥则枯，肺燥则痿，肾燥则消。凡麻仁、阿胶膏润之属，皆润剂也。养血则当归、地黄之属，生津则麦门冬、栝楼根之属，益精则苁蓉、枸杞之属，若但以石英为润药则偏矣。"在这里，李时珍既完善了湿剂的含义，又说明发病原因，还区分了该病的种类，而且针对不同的燥病用不同的药物，同时指出只用白、紫石英未免太偏。作了可贵的补充和发挥。这就使徐之才的"十剂"，更完善了。对一剂药是这样，对一味药也是如此。例如柴胡，《本草纲目》除详细摘述各家主治的疾病外，又扩治：阳气下淹、平肝胆三焦包络相火、头痛眩运，目昏赤痛障翳，耳聋鸣，诸疟，肥气寒热，妇人热入血室，经水不调，小儿痘疹余热，五痔赢热等。对柴胡的效能，历代说法不一，《神农本草经》不提治劳，而《大明本草》中说：补五劳七伤，李时珍在《本草纲目》中论述说：劳在脾胃有热，或阳气下淹，则柴胡乃引清气、退热必用之药；如劳在肺、肾，不可用尔。这就不仅扩大了一味药的疗效，而且纠正使用该药时的片面性。可见《本草纲目》具有较高的科学水平。

李时珍是药学家，也是一位伟大的自然科学家。他把在探索药物过程中对自然界的观察、分析、研究成果，也写进了《本草纲目》。比如雨、露、霜、雪、雹，本同属一源，但属性各异。李时珍对此研究的十分深透。同样是雨水，立春之雨，发育万物，人食之可治中气不足；梅（霉，芒种至小暑之间称霉季）雨之水则郁遏熏蒸，物受其气则生霉，人受其潮则生病，此水不可造酒醋；液（立冬至小雪为液季）雨之水，百虫饮食皆伏蛰，杀百虫，能消积。露与霜，表面极为相似，但露能滋润万物，人食之益寿延年；霜则杀万物，食物经霜打，人食之易而中毒。同样是雪，但腊前雪、腊雪、春雪截然不同。腊前雪大益麦菜，又能杀虫；而春雪则易腐，反而伤麦菜，又助虫子生长；特别是腊雪，更有其独特性能，腊雪密封阴处数十年不坏，用其浸五谷，则耐旱不生虫，洒其席间虫蝇自去，淹藏果实不受虫蠹。雹子则咸、冷、有毒，人食雹，患疫疾大风颠邪之症。李时珍对雨、露、霜、雪、雹的研究可说是精微之至了。

《本草纲目》还是一部名符其实的《植物志》。他对植物的形态、培植、分类、鉴别清晰有条。由于中国药物多数是植物药，为避免用药中的失误，必须对各种药用植物进行认真的鉴别。而对植物生态、属性等描绘的越细，对其特征勾画的越逼真，认识该物就越深刻，大大有助于对植物的分类和鉴别。

《本草纲目》对动物的研究也达到相当高的程度。它对禽、兽、虫、鱼描述得细致生动。

《本草纲目》还收载矿物药二百七十六种，对许多金属和化合物的产地、形色、采掘、区分方法，都做了精细载述。对化学药物的性能和蒸馏、升华、结晶、沉淀、烧灼等制作方法，都有详细记述。因而《本草纲目》又总结、保存了大量的矿物药和化学药的珍贵资料。

《本草纲目》体现了鲜明的唯物辩证法思想。在释雨水中说："地气升为云，天气降为雨。"一句话道破了水蒸气升为云，云遇冷空气又降为雨的唯物辩证关系。在草部的有关论述中又说：草中有木，木中有草，从而说药物之间的内在联系。

《本草纲目》的突出特点是科学性和艺术性的巧妙结合。虽说是药物学著作，但书中引用大量的诗词、文赋、故事、俚语。如在介绍荔枝时，引用了白居易的《荔枝图序》："若离本枝，一日色变，三日味变，则离枝之名，又或取此义也。"介绍嘉鱼时，引用了杜甫的诗句："鱼知丙穴由来美"。在介绍鲈鱼时，引用了杨诚斋的诗："鲈出鲈乡芦叶前，垂虹亭下不论钱。买来玉尺如何短，铸出银梭直是圆。白质黑章三四点，细鳞巨口一双鲜。春风已有真风味，想得秋风更回然。"在介绍何首乌时，借用了唐代动人的民间传说。因此读《本草纲目》感到引人入胜，津津有味，生动的文笔更有助于对书的内容和科学性的理解。

《本草纲目》于万历二十四年（公元 1596 年）在南京刻印，史称金陵版。但并未刊行。所以李时珍生前没有看到自己的巨著问世。直至万历三十一年（1603 年），才由江西按察司刻印发行。一经刊行，立即受到人们的热烈欢迎，风靡全国，争相传诵。后来又出现武林钱衙本。清光绪十一年（公元 1885 年），安徽合月巴人张绍棠再版刊印，史称为"张氏味古斋刻本"。之后，争相翻刻，多达 60 余种版本，可见《本草纲目》流传之广，影响之深了。

随着中外文化交流，早在明万历三十四年（公元 1606 年），这部药学巨著就传至东方邻邦日本。《本草纲目》以日、法、德、英、俄、拉丁等文字大量出版，被称为东方医学巨典，说明《本草纲目》深受世界各国重视，更说明《本草纲目》对世界科学文化产生的深刻影响。

4. 学道与医术

李时珍的故乡是个山清水秀的好地方，他还在孩提之时，就跟着哥哥果珍去田野、山岗、湖畔玩耍，或捕捉昆虫，或摘采花草，或网捞鱼虾。不仅对大自然产生了浓厚的感情，而且增长了不少药物知识。他认出开舌形黄花的是蒲公英；白色伞状小花是土茯苓；

紫色球形小花是千日红；羽毛绚丽长长尾巴的是野雉；低空盘旋的小鸟叫鹞鹰；秃尾低飞的叫鹌鹑；黑白相间的水鸟叫白脸鹊鸲；嘴巴鲜红、羽毛碧绿的叫翠鸟。因此，时珍很小就熟悉鸟兽虫鱼，草木果实等药材了。在家里又经常受到行医的父亲的影响，所以他从小就对医药产生了感情。

明嘉靖十六年（1537 年），蕲州发生大水，农作物被淹，人民处在水深火热之中。瘟疫流行，疾病猖獗，李家门前求医的人甚多。父亲忙不过来，时珍便开始协助父亲给人治病了。他在父亲的言传身教下，医术提高很快，但他并不满足。至今还传有他千里拜师的故事。相传一位四川人经商到蕲州，得病求医于李时珍，时珍诊断为不治之症，开药劝归。时隔一年，在蕲州又遇到此人，见此人红光满面，便连忙询问缘由，得知此人归途中在夷陵州（今湖北宜昌）请一位名叫小华佗的医生诊治，这位医生在李时珍开的药方上加了两味药，此人服后即病愈。听到这个情况，李时珍决定前往拜见小华佗。小华佗见时珍千里拜师，深受感动，便热情地指出："你下药虽有画龙之功，却无点睛之术。"时珍虚心学习，受益甚多。关于李时珍不耻下问的好学态度，还有一个"飞舟追草医"的传说。相传，蕲春遭水灾疾病流行的那年，时珍随父外出行医，谁知母亲却病倒在家，正当卧床呻吟之际，忽听门外来了草药先生，便请来诊治。经诊察断为"毒虫"病，开方服药，很快见效。这位医生告诉李母，他住在江边客店里，病情如有急变再去找他。李时珍出诊回来，母亲将此情告诉儿子，时珍顾不得吃饭，一口气跑到江边小店，恰巧该医生乘船过江，他急忙雇一轻舟随后追赶，直到对岸才追上。时珍彬彬有礼，虚心请教。那医生见到李时珍求教于己，十分惊奇。便将给李母治病的确诊之理，处方之要，一一告诉了李时珍。李时珍如获至宝，高兴而归。

李时珍行医之后，救活了不少患疑症的病人，成了远近闻名的神医。

一次，时珍出门采药问病，遇见一伙抬棺送葬的人，只见棺材过去，鲜血滴滴撒在地上。他想，人死尸僵，那有流血之理？便大声叫停。经过详细询问，得知棺材中是一位妇女，因难产而死。李时珍认为这妇女是因难产而昏厥，经过抬丧的颠波，顺气通阳，血脉流动了，方出鲜血。众人听了，感到言之成理，说服死者之夫，开棺诊治。李时珍对患者实行针刺、按摩，这妇女吐出一口气，慢慢苏醒过来，又过一会生下一婴。消息顿时传开：蕲州李大夫开棺救活了母子二人！远近的人都很叹服。

一个男子患血尿，腹部胀痛难忍，以至唯求速死了事，李时珍用藕汁调"血佘炭"（头发烧灰）让他服，3天就血止痛除了。

一个50多岁的老汉，因为长期患痢疾，腹部剧痛，病势垂危，家中已经备好棺材。李时珍诊后用延胡索末3钱，让他以米汤送服，药服下后，痛就减了一半，然后又继续开药调理，终于转危为安。

有人二便不通，终日呻吟，给他医好了；有人患上了奇难杂症，给他医好了……这些事情越传越远，远远近近来求诊的人越来越多，大家都说蕲州瓦屑坝出了个神医。声名渐渐传到蕲州以外的许多州县去了。

"李大夫"的声名传遍了蕲州一带，患上各种严重疾病，以至各种异难杂症而被他一一医好的人，一传十，十传百，竟使得远在千百里外的人也有不辞舟车劳顿，赶到蕲州城来请他看病的。

王侯大官尽管很多人平时轻视老百姓，但是当他们患病的时候，也总得访寻名医来诊治。在这方面，他们就没法讲究什么界限了。

　　明太祖朱元璋为了皇室的长治久安，先后分封子孙 25 人为王者出驻北方重镇和内地各省，作为屏藩。这些王者的嫡子又继续袭位为王，加上后来皇帝新封的王，数量非常可观，几乎每两三个州就有一座王府。这些宗室贵族高高在上，盘剥百姓，成为各地的一股特殊势力。

　　李时珍医术高明，声名远播，许多王府也都知道了。附近的一些王，荆穆王、富顺王、都昌王和府县衙门的大小官员，都经常请他去为家人或者自己治病。李时珍并不阿谀权贵，也不受分外之财，只是重视医德，治病救人罢了。对任何人的病他都尽心尽力去诊治。因此，他也得到这些王府人物的器重。

　　那时，荆府富顺王朱厚焜特别溺爱他的偏房所生的一个儿子，准备废掉正妃所生的嫡子，另立自己喜欢的庶子做世子（被立为"世子"的儿子将来才能够继承王位），这事外界都有不少人知道了。刚好嫡子生病，富顺王把李时珍请去，言谈之间也流露出对嫡子的憎恶，表示聊尽人事，医得好，医不好也只好听天由命。李时珍知道他的意思，依然极其细心地诊脉，看完后开了一个处方，因为其中有"附子"一味药，特意取名"附子和气汤"。这是藉"附子"与"父子"谐音，规劝富顺王以父子大义为重，不可凭一己好恶，任意行事。这种藉药方的用字谐音，讽喻权贵人物的事情，在封建时代是常有的。富顺王看了药方，果然受到感动，大概也为了保全面子，免遭议论的缘故吧，"废嫡立庶"的事后来就中止了。而且，嫡子的病也渐渐痊愈。

　　在封建社会，王族里面的这类事情，不待说是很受到他们那个圈子里的人物的密切注意的。

　　封藩在武昌的楚恭王朱英㷿，听到李时珍的这桩义举，对他的品德和医术十分赞赏，就派专人到蕲州来，聘请李时珍到王府去担任"奉祠正"（这个职务是主持王府的祭祀礼仪一类事情的。同时，又让他掌管"良医所"，负责王府宗亲的医疗保健）。王府里的体制并非十分严格，所以可以身兼两职。这些职位，都是正八品小官，比七品的知县略低一些。

此后约莫有七八个年头，李时珍都在楚王府任职，有时，他也回蕲州省亲，经营他的雨湖畔的新的住宅。他工作得非常尽责，一直没有出过什么岔子。所以这个阶段，他的生活过得既平稳又安详。他担任的这些职务都不会太忙，常常有时间到武昌各处走走，在王府里他当然接触到更多的药材和典籍，一有空闲，他就继续写他的《本草纲目》，并记录下他所接触到的一切灵验药方。

李时珍非常希望朝廷能够下令调动人力编修新的本草书籍。他曾好几次向楚王委婉陈辞，希望向朝廷提出要求，但楚王对这个"奉祠正"提出的要求不置可否，始终没有给他什么有力的支持。李时珍对这不免感到失望，他就继续振作精神，独立进行自己的著述。

他和蛇山观音阁的一个和尚感情很好，常常去那里走动。许多百姓不敢擅进王府，都来这里找他医病，他也乐于把那里作为自己的义务诊所，他和广大人民的密切联系始终没有中断。

李时珍本来就写得一手精彩的律诗，在武昌的几年里，他时常和一帮文友互相唱酬，写了许多诗篇，因此，他除了是著名大夫之外，又是当地颇有文名的诗人，结识了不少文朋诗友。

楚王有一个世子，常常患一种突然昏厥、不省人事的急病，李时珍就细心给他治疗。有一次这个世子急病发作，情形非常严重，王府里的人都以为没望了。李时珍凭着自己高超的医术，把他救活过来，而且最后彻底痊愈。王妃感激得不得了，亲自派人捧了金银珠宝来报答，李时珍认为这不过是职责所在，坚决辞谢了，表现了高尚的情操。这使得王府里的人对他不能不格外尊重。

大概楚王对这件事也铭感在心吧，不久，当朝廷寻求良医的时候，楚王便推荐李时珍当了太医，从此李时珍的名气就更大了。

5.　不断累积与学习

李时珍善于学习，也勤于思索。他在治病的过程中，发现一个儿童喜爱吃灯花，很多医生都找不到病因。还有一个儿童喜吃生米，不少大夫也束手无策。时珍经过细致观察，反复用药试探，证明吃灯花和生米者均属寄生虫病的一种嗜癖。他用百部、使君子、槟榔等药，终于把这类病治好。他不但苦读各种医药典籍，善于继承前人的医药财富，取别人之长补个人之短，而且非常注意积累医疗经验，进而有所创新。他在总结投药数量，关系到治病的疗效时说：投药治病，除了对症下药外，还要剂量得当，比如巴豆是泻药，但用的得当反而能治泻病。他用这种方法治好患多年溏泄病的病人。在他治病过程中，积累了大量的资料和经验，最终帮助他完成了巨著《本草纲目》。

李时珍的成功说明：做任何学问，成就科学的事业，不能坐在房子里空想，必须到实践中去获得真知。

第六章　敲响"地心说"
丧钟的人：哥白尼

1. 挑战权威的青年

　　"所有星球都以太阳为中心而围绕它旋转，因此太阳是宇宙的中心。"这个声音出自于伟大的科学家哥白尼之口，无疑是他向权威挑战的呐喊。的确，哥白尼是划时代的人物，他告诉了我们地球和太阳哪一个是真正的中心。

　　哥白尼 1473 年 2 月 19 日生于波兰托伦，1543 年 5 月 24 日殁于弗劳恩堡。在他的父亲（一位商人）1484 年逝世之后，他由他的舅父、埃尔墨兰德的主教鲁卡斯抚养成人。1491 年他进入克拉科夫大学，并对天文学发生了兴趣。1496 年他去到意大利，在波伦亚和帕多瓦等大学学习法律和医学，最后于 1503 年在费拉拉大学获得教会法博士学位。在这一时期以前，通过裙带关系他成了弗劳恩堡大教堂的僧正，这一职位他一直保持到他逝世时为止。1506 年他返回海因斯贝格城的家里，伺奉他的舅父，成为他舅父的医生和秘书。当他的舅父在 1512 年逝世后，他移居弗劳恩堡，担负起他作为大教堂僧正的纯正的职务。

　　哥白尼以《天体运行说》一书建立起他的体系。这本书遭到神学家们的反对，因为他们认为，这本书是与圣经相违背的。亚里士多德学派的人反对它，是因为对许多人来说，认为地球能通过空间飞行似乎是完全荒唐可笑的。甚至像第谷这样一些专职天文学家亦认为这是不能接受的。一个运动着的地球理应在恒星中表现出明显的移动，但没有人能够观测到。同意哥白尼的解释——恒星是太远了，以致没有观测到视差——就意味着公认的宇宙尺度要有根本的修正。而且，虽然日心说较之托勒密体系以优越得多的方式说明了月球和行星的运动，但哥白尼坚持完全的圆形轨道，带来了像在托勒密体系中所发现的那样几乎同样多的麻烦。

　　《天体运行论》以及书中论述的这一体系尚未受到真正的官方反对，到 1616 年它才被列入天主教教会所禁止的书目中（直到 1835 年教会的禁令才解除）。关于这部著作的重要性，恩格斯曾在《自然辩证法》中评价到：

　　"自然科学借以宣布其独立并且好像是重演路德焚烧教谕的革命行为，便是哥白尼那本不朽著作的出版，他用这本书（虽然是胆怯地而且可说是只在临终时）来向自然事物方面的教会权威挑战。从此自然科学便开始从神学中解放出来，尽管个别的互相对立的见解的争论一直拖延到现在，而且在许多人的头脑中还远没有得到结果。但是科学的发展从此便大踏步地前进，而且得到了一种力量，这种力量可以说是与从其出发点起的（时间的）距离的平方成正比的。"

　　但是，它获得了许多人文主义数学家和天文学家的承认，所以在该世纪末，争议从是承认托勒密体系，还是承认哥白尼体系，转移到应该如何看待哥白尼体系——是把它作为一种真实的描述，还是作为一种有用的数学手段。

2. 向"地球中心说"说"NO"!

哥白尼是一位伟大的斗士，是一位勇敢的意志坚强的人。

他冲破中世纪以来统治着欧洲的宗教神学的桎梏，起来批判被宗教神学所利用的地球中心学说。在他临终时出版的《天体运行论》一书中，提出了地球和其他行星一起都以太阳为中心不停地运转的太阳系学说，把过去多少世纪以来，被唯心主义的宗教神学所歪曲和颠倒的宇宙观念，重新颠倒过来，建立了比较正确、比较符合客观实际的宇宙结构观念。要重新颠倒被歪曲的观点，需要的是怀疑和创造。正如哥白尼自己所说：

我们的前人假定有大量的天球，这是由于一个特别的理由，即需要用规律性原理来解释行星的运动。他们认为，如果一个天体不是在一个完美的圆周上作均匀运动，这就是一个完全荒谬的想法。在了解到这些缺陷后，我不断考虑是否可以找到对天球的一个更合理的排列。这样可以遵照绝对运动规律，使每个物体都绕其自身的中心作均匀运动。我们发现，他们在论证数学家称之为他们的体系的时候，要不是忽略掉某个不可缺少的细节，就是引进某个外在的完全无关的东西。他们这样做时，肯定没有遵循一些确定的原则。如果他们的假设不会使人误解，由此得出的一切推论就应当有可靠的论证。

3. 什么是"太阳说"？

哥白尼对宇宙的尺度有了比较正确的认识。哥白尼由天体视差的测量清楚地认识到，恒星极为遥远。因此他提出这样的不等式：日地距离比日星距离小于地球半径比日地距离。他在《天体运行论》中正确地指出："天比地大，大得无可比拟。"这样的论断扩大了人类的视野，把人类的宇宙观推进了一大步。至于宇宙究竟是有限还是无限，哥白尼回避了这个问题，认为这不属于他的研究领域。当然，他这样做是经过深思熟虑的。一方面，他用自己的简陋仪器测不出恒星的视差，这使他相信宇宙"与无限是相似的"。但在另一方面，如果宇宙是无穷大，就无所谓何处是中心，日心学说也就没有意义了。在这种矛盾的情况下，他只好放弃对这个问题的正面答复。

哥白尼指出，除周年公转和周日自转外，地球还有"第三种运动"，他称之为"赤纬运动"。这可说明如下：地球绕日运转的轨道面与天球的交线指为黄道，地球赤道面与天球相交成为赤道。黄道和赤道并不重合，而有大约23°30'的交角。它们的交点称为春分点和秋分点。在半年的时间里，地球从一个分点移动到另一个分点，这时它与赤道的距离从零增加（或减少）到正（或负）23。30'，然后又回到零，以后半年的情况与此相似，只是赤纬变化的趋势相反。这些就构成哥白尼所说的"赤纬运动"。它是地动学说的一个重要概念，可用来解释地球上季节和昼夜长短的交替变化。

哥白尼认为岁差现象由地轴的方向变化所引起。可是他认为岁差的数值在作周期性的起伏变化。他还认为黄赤交角也有周期性变化。具体说来，是在 23°52' 和 23°28' 之间往返起伏。这与实际情况不符。

最后，值得提到，哥白尼关于宇宙中心的论述也有独到的见解。在他之前，地心学说认为地球的中心便是宇宙的中心，因此一切重物都往地心下坠。哥白尼否定了地心学说，在牛顿发现万有引力定律之前，对重力提出另一种概念。他认为宇宙间的重物各自落向本系统的中心，例如地面物体往地心坠落，月面物体落向月球中心。此外，在哥白尼的体系中，严格说来宇宙的中心是地球轨道的中心。这不是太阳，而是太阳附近的一个空白点。这也可以认为是哥白尼宇宙的一个意味深长的特色。

4. 理想在于天空

1491 年，哥白尼来到当时波兰文艺复兴运动的中心克拉科夫，进入全欧闻名的雅盖隆大学学习。在那里，他结识了大名鼎鼎的波兰天文学家勃鲁泽夫斯基。

在一个雨后初晴的晚上，身体虚弱的勃鲁泽夫斯基教授外出散步，哥白尼搀扶着老师，两人愉快地边走边谈。

走着走着，哥白尼抬头望了望天空，长长地叹了一口气说："唉，老师，您说人们对于天上的秘密为什么至今还摸不着底呢？"

"瞧你，孩子，一开口就谈起天空，"教授一本正经地说"我们是出来散步的，不许你拿学问上的事情来问我，免得我不得安宁。"

"是的，老师。"哥白尼恭恭敬敬地说，"请您小心，前面有烂泥。"

"唉——"教授叹气说，"这鬼地方真没有办法，一下雨就成了泥塘，走道也好像漂洋过海一样。"

"您是说漂洋过海吗，老师?"哥白尼兴致勃勃地说，"我有位朋友来信说，意大利航海家哥伦布正在漂洋过海，一心要探寻出地球到底是什么形状的。我倒是希望有朝一日能造出一种飞船，乘着它穿过云海，飞越星空，去探寻宇宙的奥秘。"

"那样又怎么样呢，哥白尼?"教授打断了哥白尼的话问。

"那我就要做这艘飞船的第一个船长!"哥白尼喜滋滋地回答说。

"到时候可别忘了把我这老头也带上呵!"教授爽朗地笑了。

这时候，哥白尼停下脚步，又抬头仰望广袤无际的夜空，心情激动，滔滔不绝地说："老师，您可知道，天上那些闪着银光的星星，像一些迷眼的沙尘一样，老是使我又向往又苦恼。我真恨不能飞上九重天，去好好看个明白。不过，我的飞翔不是靠翅膀，我的航行不是靠风帆。我有两件您教我的法宝：一件是数学，一件是观测。"

"好呵，有理想的年轻人!"教授慈爱地抚摩着哥白尼头发夸奖说。

"是的，我的理想就在高高的天空上!"哥白尼越来越激动了，"老师，我越来越感到，天文学受到教会残酷的压制，它的学说被弄得乌烟瘴气!"

"唉，这有什么办法呢!"教授长长地叹了一口气。

看着教授忧伤的神情，哥白尼想起了他开始时的叮咛，不忍心再拿天文学上的问题去打扰。为了使教授欢心，哥白尼立即背诵了一首美妙的诗篇。这首把天文学当作神明礼赞的诗，哥白尼早就背得滚瓜烂熟了。他清了清嗓子，深情地吟咏着：

由于有了我，弄清了星辰的运动和它们交错的路径，我从黑暗中见到光明。我解释——行星诞生的奥秘和它的后果前因。我解释——太阳的升起和降落。我解释——那神秘莫测的彗星。我带来的好处，最长的诗篇也不能叙说详尽。

这清脆的声音，响彻宁静的夜空。

5. 尊重事实

哥白尼的成功缘于什么？

首先，他重视观测，尊重事实。

第二，哥白尼有清晰的思维逻辑。

第三，哥白尼讲究工作方法。他并不认为一大堆观测资料的凑合就一定是真理，而必须善于综合分析这些资料。

最后，值得提到，哥白尼进行科学工作的态度是谦逊的和谨慎的，对一些他无法直接论证的事物，他总是不肯轻易下结论。例如在论述恒星天球时，他遇到宇宙是否有限的问题。他在《天体运行论》第一卷第八章中引用了亚里士多德的一句话，即"无限是既不可逾越的，也是无法动摇的"。他接着谈到："那么就让我们把宇宙是有限还是无限的问题，留给自然哲学家去研究吧。"

哥白尼的怀疑主义精神是伟大的，他不相信已有的见解，尽管这种见解得到许多人的承认，但是哥白尼能够以自己的观察为中心，去寻找科学的真理，这样以自我的科学视野为中心的科学精神，不致于盲目信从别人的判断，别人的推论，而是在科学的世界中发现属于自己的东西，这就是科学的发展。哥白尼的独特正在于用怀疑主义，为自己寻找到了科学的真理，在科学的天空找到了自己的答案。没有理由不去承认——哥白尼是科学的太阳！

总的说来，哥白尼是一位伟大的天文学家。他留给后世的宝贵遗产不仅是《天体运行论》和日心地动学说，他的治学态度和精神风貌也可以给我们以启迪和教益。

第七章 近代实验科学的始祖：培根

1. 开启近代科学的第一人

如果有人要问，近代实验科学的第一人是谁，你能回答出来吗？这人就是培根，"知识即力量"这句话的代言人！正如有人评曰：

"如果说达·芬奇的名字是文艺复兴时代的象征，那么培根的名字就是近代新兴科学和技术革命的象征。"

培根 1561 年 1 月 22 日生于英格兰一个新贵族家庭。培根是掌玺大臣尼古拉斯·培根爵士再婚后所生两个儿子中的次子。尼古拉斯·培根出身寒微，但一跃而为英国掌玺大臣。弗朗西斯母系的表兄弟是罗伯特·塞西尔，即后来的索尔兹伯里伯爵和伊丽莎白一世晚期和詹姆斯一世初期的首相。1573 – 1575 年，培根就读于剑桥大学三一学院，但在校期间因体质羸弱，常有疾患之苦。他之厌恶他所谓的"没有成果的"亚里士多德哲学，便开始于剑桥。1576 – 1579 年，培根作为一名英国大使的随行人员住在法国。在他父母突然去世后，他被急速召回。他父亲没有留给他多少钱财。培根终其一生手头并不宽裕。

1576 年，培根被伦敦实施法学教育四大律师学院之一的格雷律师学院接纳，成为一名"元老"（高级理事）。1579 年他在那里定居，并在 1582 年成为一名高级律师之后，通过担任讲师（在学院里讲课）、资深法官（学院高级法官）以及女王（1603 年后的国王）的法律顾问等职而终于升任副检察长和总检察长。但即使在法律界获得如许成就，也并没有满足他在政治和哲学方面的抱负。

1582 年，培根撰写了《伟大时刻》一文，这篇文章没有留存下来。1584 年就任多塞特郡迈尔科勃雷吉斯的议员。随后成为陶顿、利物浦、米德尔塞克斯郡、南安普敦、伊普斯威奇以及剑桥大学的代表出席议会。1589 年，他写给女王的一封"谏议书"和《为英格兰教会论争进一言》一文，以头脑冷静和充满调解的意向表明了他的政治兴趣并显示了其无限的政治潜能。1593 年，他在政治上遭受挫折：他采取反对政治强求弥补对西班牙战争费用的立场，从而触怒了伊丽莎白。在随后关键的几年里，尽管在法律界不乏晋升机会，培根却受到冷遇。

当伊丽莎白于 1603 年去世时，培根写信主要用在为自己找到一个职位，并为报效詹姆斯一世施展其才能。他表明他关心爱尔兰问题、英格兰与爱尔兰两王国联盟问题以及与教会的和解问题，以证明他对新国王所能贡献者甚多。

凭借他的表兄弟罗伯特·塞西尔的权势，培根于 1603 年成为新授勋的 300 名爵士之一。次年他被确定为法律顾问，并在新国王执政伊始第一届议会第一次会议上参加辩论。他还是商讨与英格兰合并问题的高级专员之一。1605 年秋，他发表了《学术的进展》一文奉献给英王，并在第二年夏天和一位伦敦市参议员的女儿艾丽斯·巴恩哈姆结婚。但是效忠王室仍未得到提升，直到 1607 年 6

月，他才获得副检察长的职位。他提出请求并力图说服下议院接受
英王有关与苏格兰联合的建议，虽未成功，但获高位。即使这时
候，他在政治上的影响仍然微不足道，然而他将这种状态归咎于塞
西尔的专权与嫉妒，塞西尔这时是索尔兹伯里伯爵和王国的首相。
1609 年，他的《论古人的智慧》一书出版，此书成为在他有生之
年继《散文集》之后最受欢迎的著作。在这部作品里，他阐述了他
认为是包含在古代神话里的一些隐蔽的现实意义。1614 年，他的具
有先见之明的科学乌托邦作品《新大西岛》似乎已经脱稿，但直到
1626 年方才出版。

1612 年索尔兹伯里伯爵去世以后，培根重又试图对国王施加影
响，撰写了许多好文章纵论国是，尤侧重于国王与议会之间的关
系。国王采纳了他的建议，免去科克民事法庭首席法官的职务，改
任他为王座法院法官，并于 1613 年任命培根为总检察长。在随后
几年里，培根所持的关于皇家特权的观点促使他这位总检察长和那
位不成文法与独立审判的维护者科克之间的矛盾越来越深。埃德蒙
·皮杰姆牧师因在一篇未发表的文章中为那些反抗压迫、发动叛乱
的人们进行辩护而被指控犯有判国罪。审理这一案件过程中，国王
命令对各法官分别进行询问，审查科克的正是培根。培根因参与对
皮杰姆严刑拷打而审问毫无结果受到指摘。培根还建议科克和其他
几位法官，在他们未向国王呈报以前不要审理代领圣俸案件。1616
年 11 月科克因拒不执行这一命令而被免职，培根则很快于 1617 年
3 月被任命为掌玺大臣。次年又被任命为大法官并加封为费鲁拉姆
男爵，1620 或 1621 年受封为圣奥尔本斯子爵。

1621 年以前，培根的地位似乎不可动摇。这是因为他的得宠不
是由于他的魅力（尽管他诙谐而具有一种毫无表情的幽默感），而

是由于他对他的君主绝对忠诚并有用；因为他在公用开支上慷慨大方（曾单独出资举办宫廷假面舞会）；因为他豪富而受尊敬，家庭气氛祥和；同时也因为他是 1620 年出版的《新工具论》的作者和《伟大的更新》的设计人而博得国外学者的重视。《更新》系他的一项全面写作计划，其宗旨在于重新组建各个学科并恢复人类对自然的主宰，他认为这种主宰能力曾随亚当的堕落而失掉。不过培根也有敌人。1618 年，当他试图干预他的宿敌科克的女儿和乔治·维利尔斯的弟弟的婚事时，他终于和维利尔斯发生冲突。1621 年，在一次由他自己主持的申诉委员会上，有人对他提出两项受贿指控。这使他大为震惊，因为对于钱财的收支一向不关心的培根，没有注意任何由此招致攻击的弱点，也未意识到这两个人虽送礼贿赂法官而仍遭败诉所引起的愤恨。这个打击恰恰发生在他生病之时，他要求给予时间来对付指控，声称他之所以提出这个要求，是因为他真的有病而不是胆怯。与此同时，上议院也收集了另外十几份指控材料。培根承认收受过礼物，但否认曾因此影响到他的审判工作。他对有关案件作了记录，要求晋见国王，但遭拒绝。由于无法辨别各种指控或盘诘而为自己辩护，他决定悔过认罪，辞去官职，以为这样就可了结。但是处罚是严厉的，包括罚款 4 万英镑，按国王的意愿关入伦敦塔，不得担任公职，不得担任议员，不得涉足王室所在地的边缘以内（其范围是以王室为中心半径达 12 英里的一片地方）。培根向白金汉公爵致函对此加以评论："我以自尼古拉斯·培根爵士时代迄今 5 度更迭中最公正的大法官的资格，承认判决公正，利于改过自新。"由于培根此语坦荡自若，机敏警辟，使他的案件在最后裁定上越出常规，处罚减轻。

培根被禁于伦敦塔的时间并不一定很长，但他发现，不准他到一位英国作家查尔斯·利顿的图书馆去，也不准向他的医生咨询的禁令更为可恨。他碰上一位不友好的财政大臣，迟迟不发他的养老金。他一度失欢于白金汉公爵，并通常不得不丢脸地采取兜圈子的方法来对付其他贵族和那位西班牙大使贡多马尔伯爵；只是在经历一次次苦恼和失望之后才得到赦免。尽管如此，他没有失去勇气，而且他的晚年工作对于整个人类来说，远比他身居高位时所做的任何事情都来得更有价值。培根仕途绝望之后，运用他的文学才能为国王提供了一套法规汇编，一部大不列颠史以及都铎王朝历代君主的传记。他草拟了若干份奏议，讨论有关高利贷问题和西班牙战争的前景；他对教育改革提出了自己的意见；他甚至似乎由于习惯成自然而又对国王或白金汉公爵提出了建议书，同时还撰写了一些从未使用过的发言稿。他的这些计划有的已告完成，但他的能量并未耗尽。他写道："如果由我作主，我愿意'咀嚼'有关自然的理论而使之'结果'。在计划写的 6 本独立的自然历史中，他写成了两本《论风》，发表于 1622 年，第二年发表了《论生与死》。在 1623 年又出版一本增补的《学术的进展》的拉丁文译本，改题名为《论诸学科之价值及其发展》。他也和意大利的一些思想家通信，并向他们推荐自己的作品。1625 年，他的《散文集》第 3 版增订本出版。

培根处逆境而不动心，智力不衰，而且坚韧不拔。体弱多病使他痛苦，但他最伤心的是失去恩宠。直到 1622 或 1623 年 1 月 20 日，他才被允许去吻国王的手；完全宽恕是绝不可能了。最后，在 1626 年 3 月的一天，他驱车来到伦敦北部的海格特区，忽然心血来潮，决定要看一看雪是否会延缓腐烂的过程。他停下马车，买了一只母鸡，在它肚里塞满了雪。一阵寒气突然袭来，使他得了气管炎。1626 年 4 月 9 日，他在附近阿伦德尔伯爵的寓所里逝世。

2. 淡泊名利与尊重知识

发现实验科学理论的智者。

通常认为培根的性格并不令人喜欢：他心肠冷淡，趋炎附势，收受贿赂，还厚颜无耻地说他并没有受到贿赂的影响。我们没有理由从根本原则上对这种评价予以质疑。在那个时代，人们处在他的位置上要想塑造一个好的形象是不容易的，而他并没有这样去做。

他坚决务实的风格反映在他所能为人们提供的那种特殊服务上，也就是，他表现出以一颗纯然世俗而又充满最高智慧力量的心灵在为人类的进步而工作着。没有一个如此擅长写作的人会对艺术不感兴趣。然而在他以前却无一人曾如此坚决地把艺术排除在认识领域之外。

培根是一个喜欢文学写作的人，每当他有新思想产生或者心中有忧愁烦闷需要排遣时，他都会提起笔来写上一番。虽然现在流传下来的培根的文章不多，但从仅存的那些名言中，我们便可窥见培根智慧的光芒。

培根还是一个喜欢运动的人，尤其是那些 16 世纪英国本土流行的马术、猎狐等。

3. 发现现实

弗朗西斯·培根是法学家、科学家、政治家、哲学家和英国语言大师，其所以深受后世景仰，可证于以下几个方面：从文学观点来看，他的数十篇散文文字犀利，多为警喻处世之作；宪法史学者则赞扬他的议会发言和一些庭讯中的著名辩词以及他任詹姆斯一世的大法官时所显示的才能；而在学术探索方面，他是一位把全部知识都作为研究领域的学者，并在经过权威性的考察以后，就迫切提出新的方法，以使人们建立起对于自然界的合理制衡，以改善人类现状。

他提出了实验科学理论，为现代科学的产生准备了条件，他的思想几百年来影响了一代又一代的青年，是世界思想史和科学史上罕见的代表人物。

黑格尔是这样评价培根的："培根真正关心的是现实，而不是理论。这一点上，培根可以说是他的民族的典型。"

4. 奇特的两个人生现象

培根一生中最受人指责的事件是两件公案。一是他与艾塞克斯伯爵的关系，二是他晚年受审判的受贿案。几百年来，关于这两件公案，培根的研究者写过很多的文章的著作。众说纷纭，莫衷一是。

艾塞克斯伯爵比培根小几岁。1581 年毕业于剑桥大学，1584 年以一个 17 岁的青年侍从身分被召入女王宫廷。第二年随伊丽莎白的宠臣莱斯特伯爵远征芬兰，在祖特芬战役中立了功。由于他年少英俊，才智过人，因而深得伊丽莎白女王的欢心，成为她的宠臣和情人（这位女人终身未结过婚）。培根的哥哥安东尼就在艾塞克斯伯爵手下任职。在最受宠的时候，他的权势炙手可热。1570 年前后，正当培根穷困潦倒之际，在一次宫廷集会中，结识了这位贵人。机敏多才的艾塞克斯伯爵关心发明，爱好哲学，十分欣赏培根的才华。艾塞克斯伯爵很同情培根在仕途上的坎坷，曾先后三次毕力向女王推荐培根，为其谋求宫廷要职。第一次谋求首席检察长之职，第二次是谋求副检察长之职，第三次是谋求大法官厅里的副大法官之职，都未成功。其实是艾塞克斯伯爵错误地估计了女王的性格和女王对他的信任。女王虽然宠爱艾塞克斯伯爵，但历来都极其小心地避免她宠幸的人在政治上利用她的感情；而在国家事务上，女王对博莱伯爵更为信任，博莱伯爵是不愿意培根晋升的。艾塞克斯伯爵没有办法，为缓和培根求职不成的沮丧，为了帮助培根还债，1595 年他把自己的一处价值 1800 镑的蒂凯汉庄园赠予培根。这笔钱虽然不够弥补培根的巨大亏空，但是给了他很大的帮助。由此可见，艾塞克斯伯爵和培根之间的个人情谊是怎样的了。但是培根在给艾塞克斯伯爵的回信中明确讲，他接受伯爵赠送的礼物不是为了个人，而是为了更好地为女王服务，为了哲学事业，为了公共的利益。而且再三强调他是公共的，是在公共的围墙内的，暗示他是不依附于个人的。因为艾塞克斯伯爵通常把他的被保护人、被赞助人圈到他的政治围墙内，要服从他的政治事业。培根这样做，就表明了他与艾塞克斯伯爵之间还是有一段距离的，并不是完全依附于艾塞克斯伯爵的。据说，也正是从这开始，两人的关系逐渐疏远了。

艾塞克斯伯爵是一个轻浮放浪的贵公子，他与女王年岁悬殊（两人相差40岁）的私情关系当然不可能建立在真正爱情的基础上，因此女王逐渐对他产生了不满。特别是在一次商讨由谁去统率军队远征爱尔兰时，在枢密院展开了一场激烈争吵，艾塞克斯伯爵与博莱伯爵争吵得非常厉害。女王对此本已十分恼火，加上艾塞克斯伯爵在会上傲慢专横，不断盘问、取笑，动怒的女王忍无可忍，给了艾塞克斯伯爵一记耳光，并喝令他退出会议。事后，艾塞克斯伯爵的朋友、当时的大法官、掌玺大臣伊杰顿写信规劝艾塞克斯伯爵屈服。他说："屈服吧！让政治、责任、宗教强迫你屈服，服从你的统治者。"可是艾塞克斯伯爵不听。此后，艾塞克斯伯爵与女王的关系急剧恶化。1599年女王派艾塞克斯伯爵率兵镇压爱尔兰的叛乱。在出征期间，培根曾写信向他提出多种建议，希望他出征成功，这是修补他和女王关系的好机会。建议艾塞克斯伯爵在整个行动中，要记住贡献比名声更有价值，在对待女王的关系上，记住服从比供奉更好。可是艾塞克斯伯爵对这劝告听不进去，不久就兵败逃归，这样他与女王的关系遂接近破裂。即使在这样的情况下，培根还向他提出了许多忠告。

在艾塞克斯伯爵回国的第二年，根据女王的命令被以叛国罪逮捕。当时培根作为一名王室法律顾问和一名法律公职人员奉命参与艾塞克斯伯爵案的审理工作。由于他和艾塞克斯伯爵的特殊关系为上流社会所共知和注目，所以培根在审理过程中不得不表现严厉以示公正，想借此表示自己是不徇私情而坚决站在女王和国家利益的立场上的。初审后，艾塞克斯伯爵被保释回家。他对培根在他的案

件审理中的表现可能深感失望。这时，艾塞克斯伯爵开始筹划一个
新的政变阴谋，结果事泄失败，于 1601 年 2 月 8 日再度被捕，25
日被处以极刑。

这就是培根与艾塞克斯伯爵关系的始末。培根的不智，也许就
在于他未能主动回避艾塞克斯伯爵的叛国案的审理工作。但是，如
果他那样做，也有可能作为同谋犯被卷入此案。尽管如此，据历史
记载，培根在此案件审理过程中，还是竭力想把艾塞克斯伯爵的案
情化重为轻的。在他的发言中，曾讲过此案"缺乏有力的证据"。
当艾塞克斯伯爵被拘留时，培根并不认为艾塞克斯伯爵的不服从女
王是对女王的反叛或不忠，而认为这不过是一个受宠幸的人的任
性、狂妄而已。他甚至以两种不同的笔调伪造他哥哥安东尼和艾塞
克斯伯爵之间的通信作证据呈示女王，从而力图证明艾塞克斯伯爵
对女王的献身和忠诚，同时也证明使女王对艾塞克斯伯爵恼怒的那
些公众舆论都是艾塞克斯伯爵在宫廷的政敌有意散布的。艾塞克斯
伯爵在其后接受审判时，也曾用这些信件来为自己辩护。直到培根
在得知艾塞克斯伯爵进行了有组织的谋反活动后，才没有再给艾塞
克斯伯爵以"帮助"。相反，在法庭上驳回了艾塞克斯伯爵为其罪
行的辩护，即所谓"个人争吵"和"以请愿方式"哀求女王的辩
护。他说：有武装的请愿者吗？以有君主的失去自由为前提的请愿
吗？秘密的商议以武装加以贯彻，这作何解释？任何头脑简单者都
不会不把这看做叛逆的。

培根在艾塞克斯伯爵问题上的所作所为一向受到一些人的严厉
的非难。他们指责他"忘恩负义"，缺乏"伦理感情"；一些人则
认为他这样做，没有任何值得非议之处。在当时培根的地位很低，
他除了一些私下的努力（这确实对他是危险的），不可能做更多的

事情。而艾塞克斯伯爵无论从人品、政治思想，还是政治作风等方面看，似乎都不值得培根为他殉身牺牲。对于这个问题，后来（1604 年）培根曾申辩过。他说："我的辩护不需要冗长和繁复，就是关于那件案子和审讯过程中我所作的一切，都是出于我对女王和国家职责和义务的。在这样的事情上，我是决不为世界上的任何人而表现虚伪和胆怯的，因为任何诚实而居心端正的人都会宁愿舍弃他的国王而不愿舍弃他的上帝，宁愿舍弃他的朋友而不愿舍弃他的国王，但宁愿舍弃任何尘世的利益，还有在某些情形下，宁愿舍弃自己的生命，而不愿舍弃他的朋友。"这说明了培根的效忠是一个阶梯形的，首先是忠于上帝，然后是忠于女王，最后才是朋友。所以这种申辩是可信的，它所阐述的就是培根当时真实的思想状况，以及他所面临的抉择。对于培根这样的抉择没有什么可非议的。

培根晚年受贿案起因于 1621 年当王室要求增加税收时，议会要求法院调查政府贪污的问题。此案直接涉及国王。国王詹姆士来自没有议会民主的苏格兰，是个对发展资本主义不感兴趣的人。因此，他惯于把议会看做王权的敌人，反对议会讨论他的内政和外交政策。他命令议会把国事托付给唯一有权掌握国事的国王枢密院，并声言，臣民辩论国王所做的任何事，等于煽动叛变。而议会则断言：它有权自由讨论一切真正有关臣民及其权利或地位的问题。结果议会曾几次被解散，直到 1621 年詹姆士因筹款艰难，不得不召开议会。然而这次议会，头一个举动就是要改革专利权法案。议会攻击国王在赐予专利权时不公正，暗中影射国王对税款的贪污行为。培根起初作为国家大法官奉命出审此案。当时处于高官显位的培根，一方面主张扶植资本主义的发展，另一方面却又站在詹姆士一边，维护王室关于专利权的特权，肯定它是加强国王经济的有效办法。由于培根站在国王的立场上，所以议会在培根的宿敌爱德华·科克的鼓动下，要求弹劾大法官培根，理由是他在办案中有接受贿赂的嫌疑。开始时，培根对这种指控处之泰然，他在给白金汉公爵的一封信中说："我认为自己的双手是干净的，是问心无愧的。但是在我们这个时代，哪怕担任大法官的是使徒约伯或任何其他人，他们也随时可能被指控犯下最丑恶的罪。因为在这个时代，不仅犯罪已成为一种时髦，而且诬陷也成了一种高尚。"培根的这番话反映了当时英国的社会风气。当时社会腐败在莎士比亚的剧中也有非常深刻的揭露和描绘。由于此案具有复杂政治背景，更由于培根与詹姆士国王之间的确存在私人之间的特殊友情，所以培根在被控诉后实际上很难进行抗辩。正如前面所讲的事实那样，因为案情的彻底暴露，势必要牵连到国王本人，导致深刻的政治危机。在这种情况下，培根只好接受对他的起诉。

议会对培根起议的罪名中，最主要的一项是他担任法官时曾接受过委托人的礼品。不过在当时给予或接受这样的礼物是司空见惯的，差不多是"常规行为"，这是弥漫当时整个官场的一种腐败风气。所以，培根在议会上曾这样讲过："诸位请注意，犯下这种罪的不仅是我，而且是这个时代。"但是，当时培根却为此受到指控。因此培根在给詹姆士国王的信中说自己还不是个贪婪的压迫者，也不是一个傲慢的、让人憎恨的人。他说，他从父亲那里就没有继承下天生的憎恨，相反，倒是继承下天生的善良。实际上议会审判培根并非因为他在纳贿上有罪，主要问题是他在议会和王权斗争中站在王权一边了，议会正是要以贬黜这位大法官来打击王权。事实上，在培根案件立案以后，王室的特权受到了冲击，在议会里全面展开了对专利权问题的讨论，而在过去詹姆士是不允许的。同时借此案，也树起了议会法庭的最高权威，审判无需与国王商议，也不容干涉。但是不管怎么说，就接受礼物这一点而论，培根的确是不算清白的。他当时也作过如下的表白："我意志软弱，所以也沾染了时代的恶习。"

对于受贿案，议会任命一个专门委员会调查培根，结果培根被确认有罪，最后由上议院作出了判决：解除培根的一切公职，罚金4万镑，终身囚禁。但是判决后，培根实际上只被监禁了几天，国王就宣布了对他的特赦，并免除了他的罚款，保留他在伦敦的居住权。为此，培根于1621年6月4日致函国王，感谢给予他的自由。而且提出，国王在他的麻烦产生之初，曾为他的遭遇掉过泪，他希望今后仍继续给予他恩宠。他表示，活着就要为国王服务，否则生命就没有意义了。同一天，他也致函白金汉，感激公爵使他获释。同时指出，除非他能继续为国王，为公爵服务，否则他的身躯虽出狱了，但其精神却仍在牢狱中。从此案的结果和培根的致函，我们可以进一步看出培根与国王的关系了。事实上，培根明白这件事件的背景和意义。他曾经告诫过詹姆士："现在打击你的大法官的人，恐怕将来也会这样打击你的王冠。"所以，后来许多研究培根的人都认为，培根实际上仍是国王的替罪羊，是议会和王权斗争的一个牺牲品。这就是说，培根在受理王室贪污案时，保护了国王，从而避免了一次政治危机。

5. 崇尚知识

"我无意于功名利禄，升官发财。我只希望能得到一个职位可以谋生，并有足够的业余闲暇使我能从事我所热爱的科学研究。我的荣誉感正激使我走向一个新事业。我已经作出了一些重要的发现。我想清扫那些无意义的哲学争论，而探索一种可以通过观察、思考和发现，去达到真理的新途径，使人类知识获得进步。"这是培根崇尚知识的一段名言。

科学与实践是密不可分的，科学是从实践中来，实践是科学的基础。说这句话，是比较容易的，但是做起来却是非常困难的。尤其对于古代的科学家而言，由于他们存在着认识论和方法论的不同，更需要向自己进行挑战。但是，在培根身上我们看到了科学与实践相结合的作用，他把科学植根于实践，在实践的基础上抽取科学的萌芽。也就是说，培根是一个注重实践的人，他很看重实践对于科学研究的作用，他奠定了近代实验科学的早期基础，是近代科学的第一人。

培根的伟大不在于空想遥不可及的事情，而在于注重实验和知识，或者说从实验中获得丰富的知识结构，同时，他提倡的"知识即力量"这句口号，使一个知识时代兴起。历史地看，知识时代的到来给人类带来了全方位的革命，而培根就是崇尚知识的大师。

第八章 意大利的科学英雄：伽利略

1. 近代物理学的先驱

世界上的科学之门何在，也许谁也没有想到能从一座塔——意大利的比萨斜塔上诞生了一位科学天才——伽利略。从此，人们和历史都把这座塔和这位科学天才的名字联系在一起，这是科学史上的一道风景。

1564年2月15日清晨，意大利西部古城比萨与往日一样被教堂的钟声唤醒，晚冬的寒风与往日一样漫不经心地划过倾斜的八层比萨钟塔，塔楼上一群群的灰鸽与往日一样带着悦耳的鸽哨在教堂广场的上空飞翔，古城的市民们与往日一样，在人声的嘈杂与车马的喧嚣中开始了忙碌的一天。然而，多少个世纪之后人们仍然记得这个早晨——伟大的科学家伽利略于此时诞生，这是人类科学史上一颗新星升起的时刻。

伽利略（1564—1642）出生于意大利名城佛罗伦萨西面的比萨，是意大利伟大的物理学家、天文学家。他一生主张研究自然界必须进行系统的观察和实验，是近代实验科学的创始者之一。

1581年伽利略进入比萨大学学习医学，这是一门他没有多大兴趣的学科，他未能完成他的学业，取而代之的是对数学产生了强烈的兴趣，于是弃医学理，专心攻读欧氏几何学和阿基米得的理论。二十四岁时写出《固体之重心》论文，名声大振，被称为"当代的阿基米德"。随后被人推荐就任比萨大学的讲师。1592 年至 1610 年，伽利略任帕多瓦大学数学教授，这是他科学活动的鼎盛时期，他为科学作出了一系列重大贡献。

1610 年伽利略在帕多瓦设计制造了一架简单的折射式望远镜。也许他不是第一个发明和制造望远镜的人，因为当时许多人都在进行研制，但他却是第一个创造性地使用望远镜的人。

伽利略对物理学的很多分支特别是力学做出了重要贡献。由于他发明了望远镜并对其加以有效的利用，彻底改变了人类对宇宙的看法。他和教庭的对抗也相当富有戏剧性。1616 年，伽利略因宣传哥白尼学说受到罗马教廷的粗暴警告。1633 年，伽利略被召到罗马，遭到刑讯的恐吓，他被迫放弃哥白尼学说并使用了低三下四的词句。据说，在他宣布放弃哥白尼学说之后，还喃喃自语"地球仍在转动"。1980 年，梵蒂冈决议为刑讯伽利略这一冤案平反。

伽利略一生所取得的成就是巨大的，他对力学问题做出一系列的精辟论述，做出了卓越的贡献。他曾用摆和斜面对落体作过准确的研究，证实了自由落体是做匀加速运动。伽利略设计和进行的物理实验，把实验事实和抽象思维结合起来，把研究的事物加以理想化，以突出事物的主要特征，化繁为简，易于认识其规律性，总结出了自然科学研究的新方法。这可以说是人类思想史上最伟大的成就之一，标志着物理学的真正的开端。

2. 站在科学之塔上瞭望

伽利略是一位多才多艺的数学家和音乐师的儿子，这样的家庭环境也使他从小受到科学的熏陶。比如，他从小爱好机械和数学，喜欢外文，音乐、绘画也不错；灵活的大脑和精巧的手指总是使他忙个不停。伽利略的性格中有革新和进取的一面。伽利略在大学学习时，既敢于革新学习方法，又敢于对教授们固守陈旧的教学内容提出怀疑。当时的大学，任何专业的学生都必须花费不少课时学习亚里士多德的哲学，这是因为正如有的教授对他说："所有的科学问题都已最终被亚里士多德彻底解决了。"尽管伽利略很喜欢哲学这门课程，但却认为这种观点不能令人信服。他结合哲学的学习，又去钻研数学，还动手做实验，以提出自己的新设想。学说发表后，伽利略开始遭到攻击。有些反对意见仅仅是个人意气用事，伽利略对这些人提出了机智而粗暴的批评，这使一些人感到受到了伤害并且不能原谅他。许多人对他的发现提出了争议，对此，他感到不能容忍，这反映了他性格中缺陷的一面。尽管如此，人无完人，伽利略作为一个科学家仍是伟大的。

伽利略最后的时日虽然凄凉却也是极平静的。他完全生活在黑暗中，日月的更替对他已毫无意义。他回到阿切特里，生活由一个管家和佣人照顾，时而儿子文森特也来陪父亲。后来，伽利略的学生，年轻的维维安尼主动前来服侍老人，他搬进阿切特里，成为老人的秘书和伙伴。1641 年，伽利略的另一个学生，后来发明了水银气压计的青年科学家托里拆里也加入这个家庭，他同时带来了关于新书的消息：新书在世界科学界引起了极大的反响。老人为之一振。伽利略的眼睛虽然失明了，但与两个年轻人之间的科学探讨却一天也没有间断。

3. 思考与创造

只要木星的光芒在天空中闪耀，地球上的人就永远不会忘记伽利略。

伽利略一生勤于思考，勇于创造，这是他一生发明创造的源泉。他曾经利用早年手工制作的才干，发明了一种"脉搏汁"。这仪器的主要部份是一个小小的针摆，医生可利用它来测定病人在一分钟内脉搏跳动的次数。

伽利略的这个第一项发明，已开始体现了他作为一名新型科学家的特点：从不忽略对一切看起来似乎微不足道的现象的观察；善于从实验过程和事物联系中作出科学概括的判断；以及对所研究的成果进行实际应用的创造。也正如一位伽利略的传记作者，他的学生维维安尼所指出的，伽利略经常这样讲：自然现象不论是多么细微，各方面看起来多么不重要，都不应被哲学家所轻视，而应同样地去重视它。大自然常常以最少的资料取得最大的效果，并且它的全部表现同样令人惊叹。

伽利略是一个善于观察、善于思考的人。看到天空中的星体如此繁多，他最初的反应只有万分的惊诧，他说道："它们是如此之多，简直令人难以置信。"在观察月球时，他立刻发现月球并不像亚里士多德学说所描绘的是一个平滑不变的物体。他还发现了太阳黑子。最激动人心的是他在 1610 年 1 月第一次用望远镜对木星的观察，他惊讶地发现木星有 4 颗卫星。

为了感激给予他极大的支持和帮助的科西莫大公，伽利略将《星际使者》献给了他并向大公宣布了他的新发现。他将这 4 颗木星的卫星以"美第奇"命名。在献辞中，他写道："人们为伟人塑像或用伟人的名字来命名建筑物以表敬意，我将以大公家族的名字命名 4 颗星星。时间会毁坏建筑物和塑像，而星星却将永远在太空中闪耀。"

伽利略一生的成就是巨大的。他在力学上的重要贡献主要有：建立了落体定律，发现了物体的惯性定律、摆振动的等时性、抛体运动规律，确定了伽利略相对性原理，并第一次精确地论述了运动学中的"速度"和"加速度"等基本概念。因此他是经典力学和实验物理学的先驱。

他在天文学上的重要贡献是在 1609 年至 1610 年，第一次用自制的望远镜观察天象发现：月亮上的山和谷，木星的四个最大卫星，金星的盈亏，太阳黑子和太阳的自转，银河是由无数星体所构成。这些发现为哥白尼日心说提供了有力证据。

伽利略注重的是全面的掌握知识，而反对自命不凡。正如他所说："大自然中没有任何一个事物——即便是最微小的——能被我们最有才智的理论家全面理解。那种自命懂得一切事物的人，实际上并不懂得任何事物。一个人只要曾经体验过一次完全弄懂了一件事情，并真正尝到取得真知的味道，就会认识到自己对其他无数多的真理毫无所知。"

4. 他不是亚里士多德

亚里士多德永远正确吗？关于伽利略一生的第一次重要的观察有许多有趣的传闻。据说，有一天伽利略静坐在教堂里的长凳上，举目四顾，再次观看了美丽的祭坛，彩色的嵌镶砖，以及几百年前从希腊废墟中运来修建这座教堂的大理石圆柱，忽然看见悬挂在一根长绳下的吊灯在摇晃。这是一个教堂司事在把灯点亮时，不经意触动后使它在空中一来一回地摆动着。对于这样一件平常的事情，年仅十八岁的伽利略却留意观察，不轻易放过它。他还上前去推了一下吊灯，再仔细观察、思考，仿佛觉得灯的摆动节奏似乎是有规律的。开始灯摆动的幅度很大，后来逐渐变小，但不论摆动幅度多大，所需的时间却相仿。这种认识是正确的吗？

通过多次反复试验，伽利略终于得出了结论，吊灯随风摆动一个周期的时间都是相等的，与摆动的幅度大小无关，这是他用脉搏跳动的频率来测量摆动数后得出的结论。

在他的学说发表后，伽利略受到了顽固势力的攻击。

为了回答顽固派及宗教势力的责难，伽利略决定在比萨斜塔上做一次公开的落体运动实验。他邀请了一些知名学者出席观看实验情况，并贴出布告，公布了自己的实验日期。

1590 年的一个晴朗的日子，具有历史意义的落体运动实验开始了。

闻讯而来的群众围聚在比萨斜塔的四周，伽利略带了几名学生，兴致勃勃地走进斜塔，沿着楼梯登上塔顶。他们带来了一个 10

千克和一个 1 千克的铁球，还带来了用以计时的沙漏。两个铁球被装在一个特制的盒子内。

一切准备好以后，伽利略向观众们说明了实验的意图，并请大家注意观察。

实验开始了。伽利略举着盒子，一按盒子上的按钮，盒底自动打开，两个铁球同时下落。

观众们屏声静息，目光随着下落的铁球迅速移动着。不一会儿，只听见"咚"的一声，两个铁球竟同时落到了地上。

伽利略又把这样的实验重复了几遍，其结果都是一样：落体的下落速度与它的重量没有关系。

比萨斜塔的实验，宣告了亚里士多德"落体运动法则"的谬误。

1609 年，伽利略听说荷兰的一位名叫汉斯·利帕希的镜片制造商造了一种装有透镜的管状仪器，透过管子可以看到放大的物体。显然，这件事刺激了伽利略的创造激情，他竭尽所能找来各种关于光学透镜的材料，钻研起来。根据光学原理，伽利略推想那个仪器大概是由两个透镜组成，其中一个是凸透镜，另一个为凹透镜。他抑制不住兴奋，立即着手试做起来。

他找来管子、光学玻璃等材料，夜以继日地精心制作。他将两片透镜——一凸一凹，分别装置在中空的管子的两端，就这样，一个简陋的，当时还没有名字的仪器做成了。他将眼睛贴在凹镜这一端，将管筒对准院子里的一棵大树，他惊住了——眼前是一些巴掌大的树叶，树叶的叶脉和指纹一样清楚，上面甚至还有虫子留下的斑迹！

没有多久，也就是那年 8 月下旬，伽利略带上一架可将物体放大更多倍的仪器来到威尼斯。朋友们争相登门拜访，先睹为快。当他们通过这奇妙的管子看到远处的东西变得又大又近时，全都惊喜地叫起来。借助这个仪器，可以比训练有素的用肉眼观察的瞭望员早两个小时发现进港船只，这真是一个奇迹！

伽利略研制成了世界上第一架天文望远镜，并用这架望远镜获得了一系列重大发现，对哥白尼、布鲁诺的观点给予了有力的支持。

5．思考科学的方法

伽利略是在佛罗伦萨开始其中学时代的。佛罗伦萨是一座风景优美的城市，一些高尚的政治思想和人类变化最多的发展形式在佛罗伦萨的历史上结合在一起了，从这个角度看，它又称得上是世界上第一个近代城市。佛罗伦萨作为意大利文艺复兴的发祥地，所以能产生这样多的诗人、艺术家、思想家、科学家，乃是因为在这里能享受较充分的学术自由，而且这里的人民又善于勤奋探讨、研究各类问题。这种既是尖锐批判，又是富于创造的佛罗伦萨精神促进了科学文化的繁荣，也对伽利略的成长发展产生了很大的影响。

对知识的强烈追求和不断的思考探索也促成了他的成功。比如在大学学医时，他曾提出这样的问题："如果我们坐在课堂里老是听教授们讲授，不接触病人，甚至不让我们去解剖尸体，而只能观看教授和助教们的表演，那么我们怎么能学会治病呢？"伽利略一生的卓越贡献不仅反映出伽利略付出了多么艰辛的劳动，而且表现出他天才的直觉。他把实验事实和抽象思维结合起来，运用理想化的模型突出事物的主要特性，化繁为简，总结其规律性，留给后人宝贵的精神财富。爱因斯坦评论说："伽利略的发现以及他所用的科学推理方法，是人类思想史上最伟大的成就之一，而且标志着物理学的真正开端。"伽利略首开实验科学的先河，从无休无止的"为什么"转向地球上的物体是"怎么样"运动的；从漫无边际的大讨论转向局部的、简单的、有限的问题研究。这就是近代西方科学成功的道路。

对科学的思考，也是如此，比如面对社会压力，他思考着："若是违背事实，硬要坚持一位全能和全知的造物主预先安排着每个生物，那将把人类带到'宿命论'那样的迷途。"

伽利略是伟大的，尽管他并未像布鲁诺那样为了真理而献身。纵观其一生，他在力学、天文学诸多领域的贡献使他毫无疑问地跻身世界有史以来最伟大科学家的行列，他应受到全人类的敬仰和尊重。可以说，正是勤于思考、勇于创新的不断刻苦钻研才促成了伽利略一生巨大的成就。人类历史上没有伽利略，将是不可想象的。他那天才般的创造力，影响巨大的发明，都将和伽利略这个名字一起永远载入历史。

每当我们仰望夜空，让神思在科学的瀚海中遨游，就总能发现有一颗又大又亮、亘古不灭的恒星。那，就是伽利略。更准确地讲，伽利略是站在科学之塔上的瞭望者！

第九章　伟大的科学沉思者：笛卡尔

1. 科学之路上的贵族

"我思故我在"是笛卡尔的名言，它至少告诉人们一种思考的方法，或者说不要蒙昧的关闭大脑，而要会开启智能，去观察世界变化。因此德国著名哲学家马克·布查尔惊呼"笛卡尔的智慧藏在思考之中"！

笛卡尔，1596 年 3 月 31 日生于法国拉艾，是法国数学家、哲学家、科学家。1650 年 2 月 11 日死于瑞典斯德哥尔摩。

笛卡尔的父亲是布列塔尼最高法院的顾问，母亲在他诞生后不久即离开人世，给他留下了一大笔遗产，使他能在经济上独立自主。1604 年至 1612 年他在拉弗莱什的耶稣会里接受教育，后来又进了普瓦泰大学，并在 1616 年毕业于该大学的法律系。这之后的 10 年中，笛卡尔的大部分时光都是在旅游欧洲以及服兵役之中度过的。最初，他参加了奥伦治亲王拿骚的莫里斯的军队，其后又投到巴伐利亚公爵马克西米连的麾下，并追随他参加了 1620 年在布拉格城外发生的白岭之战。1628 至 1649 年，笛卡尔定居荷兰，开始了较为安定平静的生活。这段时期，他索居独处、潜心著述，构筑着自己的体系。1649 年，笛卡尔采取了一个不太明智的举动，充任了瑞典女王克里斯蒂娜的伴读与侍从。于是，为了迁就女王对哲学的爱好，他不得不在天寒地冻的瑞典的清晨 5 时就陪伴女王论学，而在通常情况下，笛卡尔却总是喜欢躺在温暖的被窝中思考问题的。就这样，笛卡尔染上肺炎，而过分热心的瑞典医生的不当治疗又导致了他大量出血，因此，还不到一年，他便与世长辞了。因此，有人说，笛卡尔是一位走在科学之路上的贵族。

2. 我思故我在

笛卡尔敢于向旧势力挑战，他蔑视古人的哲学，并有许多新奇思想。笛卡尔的兴趣是多方面的，他善于思考和学习，抓紧时间博览群书，搜集各种资料。他不仅重视向书本学习，而且向社会学习，向实践学习。他曾经说："我把自己余下的青春用在旅途上，我研究宫廷和军队里的人。我和各种不同社会地位、不同性格的人交往。我又搜集各种经验，并在命运安排的各种境遇中考验我自己。凡我所体会到的一切我都详细研究，目的是从中引出有益的东西。"

别人看笛卡尔是一个无正当职业、古怪的人，他自己却是心怀大志，只要对他的科学研究有利，他都设法去争取。为了使他的科学研究有一个安静的环境，他毅然变卖家产，于 1629 年移居荷兰，并在那里写下了大量的著作。他一生重视交往，并向他所交往的人学习。他在荷兰基本上过的是隐居生活，这并不是退却，而是为了更好地实现他的主张，即使他青年时期在军队里服役期间，也没有间断科学活动。

自幼身体不好的笛卡尔喜欢躺在床上看书、思考，有时整个上午躺在床上工作。据说，解析几何学主要是他躺在床上思考、总结而成的。这在科学史上，不能不说是一个奇迹。

3. 逻辑与方法

笛卡尔长期思考，想创造一种方法，以便解决所有的几何问题，给出这些问题的所谓一般方法。他的理论基础是坐标概念和利用坐标方法把带两个未知数的代数方程看成平面上一条曲线的观念。

笛卡尔主张一切知识都应当通过数学推理而得出，他极力宣传科学工作者应通过科学的演绎手段去解释一切自然现象。他认为，应当从最简单的公理体系出发，再加上一点实验的帮助，这样进行下去，一直到取得最复杂的认识为止。他说："几何学家们习惯于应用简单明了的逻辑推理的长链来获得他们的极困难的证明结论，这使我不禁想到，人类所能胜任的知识领域里一切事物，也是用同样的方式来互相联系的。"

笛卡尔深信，世界需要一个公式来训练合理思维和统一各种知识。为实现他的主张和观点，他进行了反复思考，但到头来并不能实现他的主张。因为"我思故我在"的观点支配着他，加之上帝这个观念是笛卡尔体系的主要基础，因此，尽管他有许多新奇的思想，但其中的不少想法是行不通的。

在建立自己的知识体系时，笛卡尔提出了以数学为楷模的理性演绎方法。他认为人们能完全弄清楚的东西，"即便是形体，真正说来也不是为感官或想象力所认识，而只是为理智所认识；它们之被认识，并不是由于被看见或摸到了，而只是由于被思想所理解或了解了"。在研究各门科学时，无例外地要使用所有人共有的同一种理性，这是存在普遍适用的方法的基础。问题在于如何运用理性，只要能找到并应用能正确指导理性思维的方法，就必然能创立一门协调统一的科学。他强调数学所展示的由最少的极清晰的概念，经确定的推理得到大量确凿结论的方法，同样可以在其他科学中实行。他的这一观念推翻了自亚里士多德以来否认在数学以外的科学中能得到如数学一样的确实性的观念。

笛卡尔对直觉在数学论证上的重要性给了肯定的回答，他说："关于我们所研究的对象，我们不应该去寻求别人的意见或者我们自己的猜测，而仅仅去寻求清楚而明白的直觉所能看到的东西，以及根据确实的资料作出的判断，舍此而外，别无求知之道。"显然，笛卡尔考虑了两种求知之道，即直觉和判断。他认为一个数学问题的推导就像一条结论的链，一个相继的步骤序列。有效的推导所需要的是在每一步上直觉的洞察力，从而说明了第一步所得的结论明显地来自前面已得的知识。

笛卡尔在他的《方法论》中还提出了解数学题的通用方法。

第一将任何种类的问题化归为数学问题；

第二将任何种类的数学问题化为代数问题；

第三将任何代数问题化归为单个方程求解。

实验方法在笛卡尔的以理性判断为最高准则的认识论体系中占有重要地位，他用许多年时间研究解剖学，对狗、猫、兔子、鳕鱼、鳍鱼作活体解剖，又从屠宰场搞来牲畜的眼、肝和心脏进行研究；他描述过关于测量空气重量及振动弦的实验；他记述了对虹、霓以及其他光学现象的观察，他把许多实践活动和经验知识收进他的科学体系。对于实验方法的意义，他认为"自然的力量如此广大"，作为推理出发点的"原则又如此简单和一般，以至我很难观察到一种特殊结果，它不能直接由那些原则以几种不同的方式推断出来"，"我最大的困难在于去找出该结果到底依哪一种方式依赖于那些原则"，他的结论是，实验能帮他方便地做出选择。

4. 分道扬镳后的抉择

"后会有期！"梅森再一次紧紧地拥抱着比自己小八岁的同学笛卡尔，然后转过身去，恋恋不舍地移动脚步，跨上街头的那座小桥。

笛卡尔茫然地望着桥的那一端，在熙来攘往的人群中，那个亲切的身影消失了。

在昂儒的拉弗莱希，他俩同在当地耶稣会学校学习，成为同窗好友。这座平平淡淡的城镇小桥，是多么值得留恋和记忆的啊！少年笛卡尔和青年梅森的黄昏有多半是在这儿度过的，对知识的追求成为他们二人志同道合的源泉。但是，他们还是小孩子，这五光十色的世界里蕴藏着那么多奇境，他们连百万分之一的景色都未曾窥见，而对科学的爱慕却是何等情急和情深呀，他们互相切磋、勉励，期待在长大成人后不致于辜负自己的韶光年华。

然而，人有悲欢离合，此事古难全。无论梅森心里有多么不愿意与幼弟般的笛卡尔离别，但他的学业已经结束，自然得向更高层次的目标进发。

"那么，你今后有什么打算呢？"梅森问笛卡尔。

笛卡尔也有自己的抱负，他想：也许我将来会成为一名出色的士兵。

可是，老笛卡尔对儿子的期望却与之大相径庭，从 1596 年 3 月 31 日小笛卡尔呱呱坠地的那天开始，身为著名律师的父亲就有意地将儿子培养成能够师承父志的法学家。

笛卡尔降生于法国西部土伦省的小城拉哈耶，八岁时被送人拉弗莱希的耶稣会学校学习了八年，随后进普瓦界大学。他果然不负父亲所望，1616 年大学毕业后便到巴黎当了律师。

笛卡尔从小就喜欢书，博览各门学科的著作，他曾自述："别人学的，我都学了。我并不以此而满足。那些被认为是最奇怪、最不寻常的各种学科的书，凡是我能搞到的，我都把它们读完。"然而，他不满足于书本上的知识，他要走出去，去到沸腾的生活中寻找学问，去探索大自然，去了解人和社会，因此，他又曾经这样说过："我把自己余下的青春用在旅途上。"正是这种对未知世界的探寻促成了他的成功。

5. 推理与判断

笛卡尔是解析几何的奠基者之一，是杰出的数学家、物理学家和哲学家，其成功缘于其怀疑一切的探索精神。笛卡尔一生所追求的是"方法"——建立真理的方法。

笛卡尔对数学的贡献如此巨大，但是，在他的一生中，并没有把太多的时间花于数学。他不过是数学世界上一位匆匆的过客，以致后人说他"只是偶然地成为数学家"，可是，他对数学有很深刻的认识，明确宣称，科学的本质是数学。他留给后人的财富是巨大的。由于笛卡尔把代数应用于几何，也就是由于解析几何或高等几何，函数的概念获得了新的发展和重要意义。数学中的转折点是笛卡尔的变数。有了变数，运动进入了数学；有了变数，辩证法进入了数学；有了变数，微分和积分也就立刻成为必要的了，而它们也就立刻产生。

他时常蕴于脑中有异乎寻常的独特思路，例如他从提供物质世界的知识这个意义上说，并不认为代数是一门科学，而把代数看成是进行寻求未知量和推理的有力方法。笛卡尔提出了四条推理的原则，他认为四条推理的原则是：

一、决不把任何我没有明确地认识其为真的东西当作真的加以接受，即小心避免仓促的判断和偏见，只把那些十分清楚明白地呈现于我的心智之前，使我根本无法怀疑的东西放进我的判断之中；

二、把我所考察的每一个难题，都尽可能地分成细小的部分，直到可以而且适于加以圆满解决的程度为止；

三、按照次序引导我的思想，以便从最简单、最容易认识的对象开始，一点一点上升到对复杂对象的认识，即便是那些彼此间并无自然的先后次序的对象，我也给它们设定一个次序；

四、在探求和审视过程中遇到困难时，应尽量把一切情形都列举出来，使我确信毫无遗漏。

笛卡尔在科学上的全面发展是极其突出的，他像解析一道几何题一样，解析着自己的科学理想。

第十章　站在巨人肩上的：牛顿

1. 经典力学之父

　　牛顿的天才与智慧是一首最美的诗！牛顿1643年1月4日生于英格兰林肯郡伍尔索普，牛顿是自耕农伊萨克·牛顿的独生子。其父来自汉纳艾斯克夫，在牛顿出生三个月以前就去世了。牛顿生来瘦小孱弱，出生时好像活不了，但后来却活到84岁。牛顿在降生前就失去了父亲，两岁时母亲又改嫁给富有的牧师B·史密斯，迁往邻近的村庄，又生了一子一女，因此牛顿又失去了母亲，只好依靠祖母抚养。牛顿因此而处于贫困与自卑之中，这使得牛顿的童年充满了辛酸。

　　他的母亲第二次孀居后，决定将现有的富足家业交给大儿子牛顿管理，但很快就发现，这样做对牛顿和家庭都是灾难。牛顿不懂得把注意力集中在管理田园事业上，去看管牛犊，他宁愿蜷曲着躺在树下看书。幸亏这个错误发觉得早，牛顿被送回样兰瑟姆，在他已学过几年的中学上学，准备升大学。他和同时代的许多科学界的领袖人物一样，在样兰瑟姆留下了一些轶事，他以其机械才能和工艺能力制造了一些机械模型，例如钟和风车等。在中学里，他熟练地掌握了拉丁文，1661 年，他进入剑桥大学的三一学院，刚进入大学时，和成千上万的大学生一样，牛顿在他的高等教育之始就沉醉于亚里士多德的学说。即使没有新哲学的课程，但在社会传闻中还是有新哲学的声音。牛顿进入大学后，发现了法国自然哲学家笛卡尔和其他机械哲学家的工作，他们和亚里士多德的观点相反，认为物理现实世界是由运动着的物质粒子所组成，自然界的一切现象都是由这些运动着的物质粒子的相互作用产生的。1664 年某日，他在学生练习本的空白页上写了一段题为"一些哲学问题"的笔记。在这个题目之下，他写道："柏拉图是我的朋友，亚里士多德是我的朋友，但我最亲爱的朋友是真理。"牛顿的科学事业从此开始，从而成为"近代力学之父"！

在大学内牛顿从事了数学、物理学、化学、光学、哲学等各方面的研究。当牛顿在 1665 年 4 月获得学士学位时，人们并没有认识到，牛顿的大学生活是大学教育史上最有成就的学习过程。他在没有任何指导的情况下，独自找到了新哲学和新数学，但都没有发表，仅写在他的笔记本上。1665 年，学校由于鼠疫而关闭，此后两年他被迫呆在家里，闲来无事，反复思考着这些问题。在鼠疫流行期间，牛顿奠定了微积分的基础，并把早期考虑过的看法写入论文《论颜色》，其中包括《光学》这一著作中的大多数思想。学校复课后，牛顿在 1667 年被选为三一学院研究员。两年后，卢卡锡讲座的教授 I·巴罗为了专心研究神学而辞职并推荐牛顿来继任他的职位。

1670 年至 1672 年，牛顿在三一学院进行了光学研究，并于 1672 年和 1675 年分别出版了《光学》的第一卷和第二卷。

1679 年至 1696 年牛顿又从事万有引力的研究，并出版了《自然哲学的数学原理》。

《自然哲学的数学原理》的出版，立刻使牛顿成为世界上的显赫人物。1696年，牛顿被任命为造币厂厂长。从1701年以后，他迁居伦敦，从此他的生活即以伦敦为中心了。他也不再从事长期的科学研究而是步入政坛，成为一个地位显赫的人物。1672年被选为伦敦皇家学会会员。1688年被剑桥大学推选为国会议员。1703年被选为皇家学会的主席。1705年，英国女王安娜赐以爵士称号，他是科学家中获得爵士称号的第一人。牛顿在伦敦成为英国科学界的老前辈和领袖。

年过80以后，牛顿迁居到伦敦郊外的肯津顿。在一所被绿荫和鸟语包围着的住宅中，他有时静静地躺着，有时慢慢地踱步，遥远而又亲切的往事一幕一幕在他心中闪现，年轻时代那种生机勃勃充满创造性的生活使他沉醉。他仿佛感到又像童年时一样，一个人仰望浩茫的苍穹，冥思遐想，世界是那么博大，他用颤抖的手，写下了这样几句话："我不知道世人怎样看我。我认为自己不过是个海边弄潮的小孩。这个小孩面对着未知的无限的大海，为捡拾到美丽的贝石而高兴。"

就在他写下这句话之后没有几天，这位伟大的科学家便离开了人间，那是1727年3月20日凌晨。人们发现这位84岁的老人像往常一样躺在床上，脸上含着平静的微笑。然而，他已永远不会再醒来，葬于威斯敏斯特教堂。

在牛顿的墓碑上，刻有如下一句话——

牛顿爵士于此安眠！

以自己发明的数学方法以及神一般的智慧，揭示了行星的运动、彗星的轨道、海洋的潮汐；探究了任何人也没有预想到的光的分解和色的本性；解释了自然和古代的事物。他以哲学证明了万能的神的伟大，他一生过着朴素的生活。这位值得赞美的人物，岂不是全人类的光荣。

2. 孤僻高傲与勤奋学习

牛顿的性格比较孤僻高傲，甚至伴随有间歇性精神病，这是由其生活环境造成的。他未出生时即失去了父亲，母亲又抛弃了他。他小时候未受到很好的性格熏陶，反而被别人嘲笑、冷落。因此他走上了孤僻的人生之路。

由于这种幼年时的创伤，他经常被认为有精神病的倾向。1662年他对自己的灵魂做忏悔时，曾用速记列下自己的罪过，他记得"曾想放火烧死我的母亲和父亲，而使他们葬身于烧毁的房子里"。牛顿终生有剧烈的不安全感：当他的研究工作出版发表时，他总是那样焦虑苦恼，而在为他的工作辩护时，又总是那样言词激烈，甚至失去理智。在与莱布尼兹争论谁最先提出了微积分学的论战中，他显得过分偏激。

但性格上的缺陷并不能掩盖他光辉的一生。正是他性格上的个性造成了他异常勤勉的学习态度。可以说，牛顿的主要精力和兴趣都放在了科学研究之中。

牛顿在1692年12月10日给本特雷的信中写道："如果我以此法对公众作了哪一种服务的话，那只是由于勤奋和耐心的思考。"

勤奋学习，持之以恒，是牛顿治学的出发点，也是他献身科学事业的基础。牛顿性格内向又有些孤癖，他从未结过婚，刻苦地读书和从事研究是他生活的主要内容。上大学期间牛顿曾废寝忘食地去读当时数学上的最新成就——笛卡尔的《几何学》。它很难读，"读了大约10页，然后停下来，再开始，比第一次稍进步一点，又停下来，再从头开始读下去，直至他自己成为全书内容的主人。"勤奋好学是学生时期牛顿的突出优点，更难能可贵的是牛顿一生都勤奋刻苦地学习。1669年牛顿已被推荐为剑桥大学卢卡锡数学讲座的教授，1672年已当选为英国皇家学会会员，他仍然锲而不舍的勤奋地从事力学、光学和化学方面的研究。据1685—1690年任牛顿助手的H·牛顿记载："他（指牛顿）很少在2或3点钟上床睡觉，有时直到5或6点，特别在春天和落叶时节，那时他经常花6个星期在他的实验室中，炉火日日夜夜难以熄灭。他和我坐上一夜，直至他的化学实验做完。做实验时他是最准确、严格和精密的。"

牛顿的勤奋还体现在遇到挫折时不气馁，艰苦地再从头开始做起。牛顿在1692年已经写好了准备出版的《光学》一书的手稿，其中包含着数十年中他关于光学的试验记录和理论研究。正当完稿之际，一场很不幸的灾难发生了。"1692年他有天被人家叫开去了一些时间，在他房里燃着的火烛引起了火，使他的稿子的大部分烧去了，这样的灾害，使他大部分的工作要重做，外加他又不舒服得很久。这本关于他终身观察光学的书，直到1704年才出版。"这就是说，牛顿在身体有病的条件下，又重新开始，以顽强的毅力，写出被火烧掉的《光学》的书稿。

牛顿在从事科学研究中，每当选中了研究的课题，就坚持不断深入，耐心地反复思考，从而在大量科学事实的基础上，抽象出基本概念，并反复推敲，使其日臻精确和完善。

3. 天才在于思考

思维是世界上最美的花朵。牛顿具有与常人不同的思维方式，善于打破常规，思考别人不注意的问题。他的万有引力定律便是因为他注意到苹果落地这个普通的自然现象而发现的。这种思维方式使他为人类科学的进步做出了重大贡献。

在力学方面建立了成为经典力学基础的牛顿运动定律，发现万有引力定律。在光学方面，发现白光是由不同颜色（即不同波长）的光组成，为光谱分析打下基础，并制作了牛顿色盘，观察到牛顿环，提出光的微粒说。在热学方面，确定了冷却定律。在天文学方面，创制了反射望远镜，初步考察了行星运动规律，解释潮汐现象，预言地球不是正球体，并由此说明岁差现象。在数学方面，提出"流数法"，与莱布尼茨一起为微积分学的创始者，还建立了二项式定理。牛顿的主要著作有《关于运动》、《自然哲学的数学原理》、《光学》、《三次曲线枚举》、《利用无穷级数求曲线的面积和长度》、《流数法》、《使用级数、流数等等的分析》等。

4. 童趣与成长

牛顿埋头于科学研究时，对日常生活丝毫也不介意。他饮食非常简单，常常是饥一顿、饱一顿的。夜里，当他研究得正起劲时，经常干个通宵，直到东方发白。

　　这些日子，在学校里流传这样一个新闻。

　　"听说牛顿把怀表给煮个半熟。"

　　"什么，那是怎么回事？"

　　"这是两三天以前的事呢！给牛顿做饭的老太太，有点事儿要出去一趟。让牛顿自己煮鸡蛋吃。她说：'鸡蛋放在桌子上了。'说完就走出去了。"

　　"后来，又怎么啦？"

　　"可是，老太太知道，这样的事，牛顿是不往心里去的。怕他煮个没完，把鸡蛋煮老了，就让他看着表煮。她还特意要出牛顿的怀表，把它放在鸡蛋的旁边，才放心地走了。"

　　"真是个细心的老太太呀！"

　　"可是，不一会儿，等老太太回来一看，却吓了一跳。"

　　"究竟是怎么的啦？"

　　"鸡蛋还在原处没动。在咕嘟咕嘟直冒热气的水里，煮着的却是一只怀表。而牛顿却站在旁边聚精会神地计算着什么。"

　　"噢！这就是把怀表煮了个半熟的新闻啊！"

　　这个传闻也正好说明了，那时候的牛顿是多么热心于科学研究啊！

　　一个秋日的下午，坐在后院长凳上的牛顿，又沉浸在苦苦地思索之中。太阳已经偏西了。牛顿头上的苹果被夕阳的余辉映得通红，非常美丽。空中没有一丝风，院子里格外安静。牛顿下意识地抬起头来看了看苹果。正巧一个苹果悄悄地离开树枝，吧嗒一声落到地上。

　　"苹果掉了。"

　　牛顿轻轻地自言自语着。接着，又左思右想地动起脑筋来。

不久，牛顿的眼里闪出奇异的光芒。长时期以来他想了又想的问题，终于找到了解决的线索。

"苹果落到地上，那是因为地球吸引它。地球对苹果的引力，就是在高山上，也不减弱。这样看来，这种地球引力就没有不到达月球的道理呀！"

"月球之所以能以一定距离围绕地球转动，就是因为月球总是向地球方向下落的缘故。就像苹果落下来一样，月球也是向着地球下落。"

"啊！明白了。"

牛顿就像在大海里迷失了方向时找到了罗盘针一样，高兴得不得了。他情不自禁地大声喊出来。

从牛顿看见苹果落地，又好几个钟头过去了。太阳已经落山，周围变得模糊了。

牛顿吃完了饭，就急急忙忙地钻进自己的房间里，打算把在苹果树下所想到的事，用计算加以验证。

牛顿就是这样验证了作用于月球的地球引力是符合平方反比律的。

月球和地球之间的关系，也合适于太阳和围绕它运行的行星之间的关系。牛顿进一步研究，终于用计算从开普勒的定律中，成功地推导出引力同距离的平方成反比，从而发现了举世闻名的万有引力定律。

牛顿从小就是一个与众不同的孩子，他总是能够制造出一些让人大吃一惊的新闻。

1658 年 9 月 3 日，罕见的暴风雨侵袭了英国，河水泛滥，树木也连根拔掉。村子里能干活的人，不管男女，全都顶着狂风，冒着大雨跑到地里去，有的立木桩，有的垒挡风墙，大家都在拚命地干着。

天空一片漆黑，狂风还不停地刮着，牛顿家的房子忽悠忽悠直晃，就像要倒了似的。牛顿此时才是一个十几岁的小孩子，他同自己的母亲和弟弟、妹妹住在一起。

"哥哥在哪儿呢？"

最小的妹妹听见风声，胆怯地问妈妈。

"老头儿，你在地里没看见依撒克（牛顿的名字）吧？"

妈妈向刚从地里转了一圈回来的老头儿问道。

"地里没有哇！太太。"

"这就怪啦！他刚才明明出去了呀。对不起，你再去一趟找找看。"

老头儿穿上雨鞋，打着雨伞，又冒着暴风雨出去了。最小的妹妹和弟弟，被狂风吓得紧紧倚在妈妈的膝盖前，担心地看着妈妈的脸。

"会不会让大风给刮跑啦？"

"是啊，怎么回事呀！不过，哥哥是个有主意的人，准没事儿。"

恰恰是在这个时候，牛顿正像妹妹担心的那样，真的被大风给刮跑了。不过，他是自己心甘情愿地让大风给刮跑了的。

老头儿东找找，西找找，转着圈儿地找，好不容易才在后院里找到了牛顿。这时，牛顿的头发被大风吹得乱蓬蓬的，浑身被雨淋得都湿透了。他像个疯子似地顶着大风，跑来跑去。

刮这么大的暴风是很少见的。牛顿很想知道：这么强的风，究竟有多么大的力气能把东西吹跑了，他一定要了解风力。

他想得入了迷。什么家里的事呀，地里的活呀，全都忘了个净光。

牛顿冒着狂风暴雨来到后院，先是顺着风拼命起跳，接着又迎着风拼命地跳，然后又侧身向着风跳着，并且还把斗篷抛起来以测试风力与接触面积的关系。大家都被他的样子给吓坏了。

自从这件事情之后，妈妈知道牛顿不是一个普通的孩子，因此决定送他去大城市读书。这成了牛顿一生的转折。

牛顿成名之后，仍然没有放弃对科学的追求和严谨的治学态度。

有一天，大概是由于工作效率较高的缘故，他兴致勃勃地来到了餐厅，催促着说："

老太太，今天可得给我做点好吃的！"

"唉呀呀，这可是件新鲜事儿呀！"

说着，老太太挑选了一份牛顿最喜欢的饭菜，摆到餐桌上面。

"好久没见面啦！"

牛顿沐浴着从窗外射进来的和煦的阳光，向坐在对面餐桌前的助手汉福莱打招呼说。

"先生，您要稍稍休息休息才好哇！"

牛顿似听非听地把盘子里的菜用叉子送到嘴里。

这时，他好像想起什么似的，突然站起来，离开摆满香喷喷菜肴的餐桌，慌慌张张地走进了研究室。

"啊！先生的老毛病又犯了。"

助手汉福莱只好一个人吃饭。

牛顿的家平素是很少有人来的，今天也不知哪一阵风，学院的一位教师来拜访牛顿来了。他看见牛顿的助手汉福莱，急忙问：

"牛顿先生在吗?"

"是的,刚才还跟我一块吃饭呢。跟往常一样,他不知突然想起来什么,就急急忙忙地跑进研究室去啦。"

"那么,一会儿他就会出来吧?"

"先生的事,可没有准啊。不过今天他很高兴,是自己来餐厅吃饭的,也许一会儿就出来。"

来访问的那位老师听到这些,就很吃惊地说:"老脾气还没改呀!他不常闹病吧?"

"他经常是饥一顿,饱一顿的,早饭多半是只啃几口苹果,对付对付就算了。至于什么时候才休息,就不知道了。他虽然不怎么健壮,却也没有什么大病。真是个怪人啊。"

两个人这样说着,等牛顿回到餐厅来。

"这么长时间了,牛顿先生怎么还不来呢?"那位老师等得不耐烦了,这么说了一句。

"恐怕先生把吃饭的事,都忘得一干二净了。"助手说。

"哎呀呀,那我等也是白等,我就回去了。"

"您是特意来看他的,结果没见到他,真对不起。这是老太太给牛顿先生做的饭菜,你就随便吃点吧。怎么样?"

助手留客人说。

"那我就不客气了。等的时间太长了,确实也有些饿了。"

那位老师又坐下来,把饭菜吃个净光,就回去了。

好几个小时又过去了。牛顿再回到餐厅时,谁都不在了。餐桌上已经是杯盘狼藉。

"哎?我刚才是吃完饭才走的吗?"

牛顿说完,就又回到研究室里去了。

牛顿就是这样废寝忘食地研究，才完成了他那部光芒四射的巨
著《自然哲学的数学原理》。

从这些小事上，可以透视出一个科学家伟大的心灵。为了科学
事业，他可以抛弃一切！

5.　汗水与灵感

天才是百分之九十九的汗水加上百分之一的灵感。牛顿有一句
名言："天才就是勤奋，勤奋，再勤奋。"可见，在牛顿的观念中，
勤奋是成功的关键。

勤奋，持之以恒地学习，是牛顿治学的出发点，也是他献身于
科学事业的基础。牛顿性格孤癖，又未结过婚，刻苦研究和勤奋学
习成为他生活的主要内容。可以说他的成才有个人性格上的因素，
也有时代的因素，他的成功是各种因素综合作用的结果。

牛顿的天才何在？

在牛顿以前和以后，都还没有人能像他那样地决定着西方的思
想、研究和实践的方向。他不仅作为某些关键性方法的发明者来说
是杰出的，而且他在善于运用他那时的经验材料上也是独特的，同
时他还对于数学和物理学的详细证明方法有惊人的创造才能。由于
这些理由，他应当受到我们的最深挚的尊敬。

今天的物理学家的思想，在很大程度上还是为牛顿的基本概念
所左右。至今还没有可能用一个同样无所不包的统一概念，来代替
牛顿的关于宇宙的统一概念。而要是没有牛顿的明晰的体系，我们
到现在为止所取得的收获就会成为不可能。

迄今为止，牛顿的哲学对许多人来说，似乎像古代人的一样深奥莫测。但是，希腊人的哲学从其产生以来实际上已经黯然无光，而牛顿的哲学从离我们极其遥远的光芒之处升起。

最后，让我们来记住牛顿的两句话：

一、知识是人类远见的积累——在过去的远见之上，加上今天的远见。

二、如果我过去看得远一些，那是由于我站在巨人们的肩上的缘故。

第十一章　电脑革命的奠基人：莱布尼茨

1. 西方文明的典范

莱布尼茨是一个全面的天才，他的智慧在于以深邃的理性发现了这个世界的秘密，给人们带来了科学的惊喜。

在《大英百科全书》第839页"莱布尼茨"这一条目中，有如下一段话：

"他广博的才能影响到诸如逻辑学、数学、力学、地质学、法学、历史学、语言学以至神学等广泛领域，在17世纪晚期和18世纪早期的德国知识界占有主导地位，其科学思想在20世纪的初叶和70年代再次显示出智慧的力量。"

"他是一位不知疲倦的作家（其手稿至今尚未全部出版）、爱国主义者和世界主义者，是一位伟大的科学家、西方文明最伟大的人物之一。"

的确，莱布尼茨的辉煌人生是由无数辉煌的成就所支撑的。莱布尼茨1646年7月出生于莱比锡，15岁时进入莱比锡大学学法律。1663年曾到耶拿大学学习数学和逻辑学等。20岁写出了法学博士论文，阿尔特道夫大学授予他法学博士学位，并愿聘他任教。他没有接受阿尔特道夫大学的聘请，通过博因堡男爵推荐，在选帝侯梅因茨大主教属下担任了外交官职务。1672 年被派往巴黎，留居了 4年，接触到哲学和科学界的许多重要人物，对他哲学思想的发展和科学成就产生了巨大影响。1673 年他把自己所设计制造的一台比巴斯加尔计算机性能更好的计算机献给了皇家学会，被选为英国皇家学会会员。在巴黎他曾在惠更斯的帮助下致力于高等数学的研究，终于在留居巴黎末期即 1676 年完成了微积分的发明。

　　1676 年他来到汉诺威，任腓特烈公爵顾问及图书馆馆长。此后40 年间，定居汉诺威，曾多次去欧洲各地旅行。他除了自己从事哲学和各门科学的研究之外，还特别热心于推动科学研究事业的发展，屡次劝说一些君主建立科学院。在他的推动下，普鲁士国王于1700 年在柏林建立起科学院，莱布尼兹被举为第一任院长。

　　1716 年 11 月 14 日莱布尼兹病逝于汉诺威。

2. 古怪的精灵

　　莱布尼茨是一个充满激情的人，他的脑子里装着许许多多的新花样、新思想，他几乎每天都在试验自己的发明。虽然这些发明大多以失败告终，但他仍能以一种坚韧不拔的精神去继续探索。

　　莱布尼茨还是一个爱慕虚荣的人。他的爱慕虚荣使他花费过多的时间穿行于各宫廷之间，并且使他去讨好贵族。在他比较年轻的时候，有一个好名声：举止优雅的朝臣，博学多闻者以及才子（奥尔良公爵夫人在谈到他时说："时髦而雅致的打扮，会说笑话，对于知识分子来说这是少有的。"）。但是当他迈进暮年之时，他的过时打扮，过分华丽的服饰，过大的黑色假发以及他那半瓶醋似的计划使他成为被嘲笑的对象。乔治·路德维希的弟弟曾把他比作一个"考古新发现"，并且认为，彼得大帝大概一定误认他为"沃尔芬比特尔公爵的一个小丑"。他之所以会被他的议员同事们所憎恨，是有各种各样原因的。他以一个来自莱比锡的法国化的局外人开始；他被免除了正规的单调的职责；他用了大部分时间到国外去旅行，而且参加了远远超出他的地位的社交活动（特别是和皇族女性的交往，诸如与普鲁士的索菲·夏洛特皇后，以及汉诺威选帝侯的妻子索菲的交往）；他干预同僚的事务，但是他从未做过人家一直出钱让他去做的工作；他设法搞到额外的高薪（他对钱着了迷，而且经常为增加工资和经费而责骂他的雇主）；但是最大的嫌疑或许还在于他那效忠于竞争（有时是敌对）国家的非汉诺威人的性格，加之他与罗马天主教徒以及耶稣会士们都有亲密关系。如果他的同僚们怀疑他是一个天主教的暗中支持者的话，那么市民们则把他看成是一个无神论者，因为他从不进教堂。人们送他一个绰号，叫Lovenix（什么也不相信的人）。对此他特别评论道：他确实是一个什么都不相信的人，因为他只相信他所知道的东西。

　　莱布尼茨一生都被这样一个不可能实现的野心所支配，那就是他企图在理智和政治活动的各个领域中都出人头地。令人惊异的不是他经常失败，而是他已经取得的如此之多的成就。

　　莱布尼茨曾想创造一种方法，可以使人类获得任意的知识。现在看来，这种想法是可笑的，但正是这些幼稚的想法让他不停地思考，不停地实践。虽然他的初衷没有实现，但他却无意中创造了一项又一项奇迹。

3. "单子论"

莱布尼茨认为:

（1）"在每个真实的，肯定的命题之中，无论这个命题是必我的还是偶然的，全称的还是单称的，谓项的概念总是以某种方式包含在主项的概念之中——否则我就不知道真理是什么了。"

（2）"如果世界还存在的话，那么感觉一定也存在。"

显然莱布尼兹的哲学思想是一种客观唯心主义，通常称为单子论。它是在扬弃和反对机械唯物主义观点的斗争过程中逐渐形成的。莱布尼茨的哲学思想影响了几代人，直到今天，各国的大学讲近代哲学史仍然是围绕着莱布尼茨等哲学家的思想讲。莱布尼茨被称为"大陆理性主义的代表"。

莱布尼兹又是数理逻辑的创始人。他明确提出了数理逻辑的指导思想：一是希望建立一种"普遍的符号语言"，这种语言的符号应该是表意的而不是拼音的，每一符号表达一个概念，如同数学的符号一样；二是一个完善的符号语言同时应该是一个"思维的演算"。他认为，演算就是用符号作运算，在数量方面，在思维方面都起作用。

这种创造性的开拓直到20世纪70年代才显示出其价值，以数理逻辑为基础的信息革命席卷了全球。

莱布尼兹终生奋斗的主要目标是寻求一种可以获得知识和创造发明的普遍方法。这种努力导致许多数学的发现，最突出的是微积分学。牛顿建立微积分主要是从运动学的观点出发，而莱布尼兹则从几何学的角度去考虑。1686 年他在《学艺》上发表第一篇积分学论文。他所创设的微积分符号远远优于牛顿的符号，这对微积分的发展有极大的影响。此外，莱布尼兹设计了一个能作乘法的计算机，1673 年特地到巴黎去制造。这是继帕斯卡加法机之后，计算工具的又一进步。他还系统地阐述了二进制记数法，并把它和中国的八卦联系起来。

1676 年，在批评笛卡尔主义者对运动规律的表述（当时称为力学）时，莱布尼兹成为新的表述的创立人，这种新的表述被称为动力学。他改进教育使之更有实效并筹建科学院；他制作水压机、风车、灯具、潜水艇、时钟以及各式各样的机械装置；他还设计改进马车、用风车操纵水泵、用磷做实验。由于考察哈尔茨山的矿藏和提出地球开始时处于熔融状态的假设，他也被认为是地质学创始人之一。1685 年被任命为不伦瑞克家族的编史官，但他不限于编纂家谱，而把目标扩充为包括地质事件和化石描述的地球中。

莱布尼兹哲学思想的主要原则，最早在《形而上学论》及1686—1690 年间和阿尔诺的通信中作了表述。他在此前公开发表的唯一长篇著作是《神正论》，他的另一部较大作品是《人类理智新论》是死后发表的。他的哲学观点都在与人的大量通信中以各种方式、从各种角度加以论述。在他逝世前不久的 1714 年，莱布尼兹曾应人请求先后写过两篇提纲式概述自己哲学主要观点的文章，这就是《自然与神恩的原则》与《单子论》，两篇内容基本一致，后者较完备。莱布尼兹大量未发表的作品和通信的手稿都存放在汉诺威图书馆中。第一次世界大战后，柏林的科学院决定分 7 组出版《莱布尼兹著作与书信全集》，计划出 40 卷。但迄 20 世纪 70 年代只出了前 6 组的 17 卷，其中哲学著作和书信共 4 卷。莱布尼兹哲学著作已译成中文的有《单子论》、《人类理智新论》、《莱布尼兹与克拉克论战书信集》等。

4. 天才的设想

　　早在 17 世纪，莱布尼茨就已经提出了数理逻辑，并且开始尝试制造机械计算器，这可以称作信息革命的渊源。

　　莱布尼茨对自己的这一发明深感自豪。他曾经想用一个刻有"超人"字样的纪念章来纪念它。而且在很久以后，他又做了一台机器，它是为俄罗斯的彼得大帝送给中国皇帝而做的，以此作为高超的西方技术的例证。它的直接功用是很明显的，它将节省相当多的劳动，提高会计、管理、测量、科学研究以及数学用表制作等工作的精确程度，这一切比我们现在所能估价的意义要大得多，因为在当时甚至受过教育的人也很少懂得乘法，更不用说除法了。长期以来，莱布尼茨设想对他的计算器作一次创造性的改造。他曾经通过他设计的"普遍符号"来给所有可能的思想一个数码。对于那些无益的争论，人们将说："让我们来算算吧"来代替它。而且他们只要通过操纵转盘和转动机械把手就能做到这一点。

　　计算器本身在较早的加法器，如 1623 年威廉·席克哈德或 1642 年帕斯卡尔的加法器的基础上有了相当大的改进。莱布尼茨把它专门设计为乘法器和除法器。而且他还发明了大量的装置。这些装置成为后来的技术标准。其中特别是多级计算器（或称"莱布尼茨轮"），它有一些各种不同长度的轮牙。尽管直到他死时在这个设计上已花了一大笔钱，然而他始终未能研制出一种能够完全自动运算的计算器来，他的那些计算器模型中有一个幸运地保存了下来，它现在存放在汉诺威国家图书馆中。

在1690年，莱希尼茨任图书馆长后，他的主要精力都放在了技术革新上，他好像花了许多时间去和公爵（后来是和他的继承人）秘密探讨炼金术的诀窍，并且试验那些炼金术士们的主张。在这段时期他结识的炼金术士有J·D·克拉夫特和J·J·比彻。他和克拉夫特做了多年的知心朋友，而和比彻却很快就闹翻了。莱布尼茨中止了比彻的一个较愚蠢的炼金术计划，作为回敬，比彻在其著作《愚蠢的智慧和智慧的愚蠢》一书中对莱布尼茨进行了讽刺。他讽刺莱布尼茨声称发明了一种跑得很快的车子，这种车子能在6小时以内从阿姆斯特丹跑到汉诺威（也就是说车子是以每小时60公里的速度行进在压成深深车辙的二轮马车的车道上）。我们知道，在1678年，他们确实讨论过车辆的设计，而且在那时和以后莱布尼茨对提高车速确有过一些有趣的想法，特别是想通过某种类似滚珠轴承一类的装置来减少车辆的摩擦力。1697年，他甚至有过一辆自己设计制作的车子，然而不幸的是我们对这辆车子的技术上的详情一无所知。只要考虑到莱布尼茨的某些想法是何等地不合于自然，那么比彻所说的就很可能并不那么言过其实了。莱布尼茨提出的车速其实并不比现代比赛用的自行车快多少，而且莱布尼茨可能还设想过使用空压机或蒸汽机。

正是通过克拉夫特，莱布尼茨和另一个德国炼金术士、磷的发现者海因里希·布兰德（Heinirich Brand）取得联系。布兰德似乎正在根据一个古老的炼金术课题进行试验，这个课题曾暗示，点金术将会在人体的排泄物中被发现。他严格照此办理，试着蒸馏尿，从而得到了磷。如果完全撇开作为通向点金术的步骤这种可能性不谈，仅就它能作为当时宫廷流行的科学表演的一种能引起人们好奇的东西，以及能作为一种可能的战争武器而言，它都具有相当可观的商业价值。1678年莱布尼茨设法使布兰德和汉诺威行政当局签订了一个专门的合同。从布兰德这方面来说，他获得了哈兹山脉的公爵矿山中工人公共厕所中的尿的实际无限供应的优先权，这个矿山位于汉诺威东南大约一百公里处。

与此同时，莱布尼茨被哈兹矿山的抽水问题所困扰。早在1679年，他就提出一个利用风力抽水的计划，而且，有一位公爵允许他进行各种实验。如果他成功了，将带来一笔相当可观的生活津贴。从那时开始，直到1686年底，他为此花去了他在矿山上的大半时间。他设计了各式各样的风车，传动装置和抽水机，其中包括阿基米德螺杆，虹吸管，气压连杆，甚至还有近代旋转式抽水机的前身。他还提出用水力来代替矿井小火车头这种矿石运输方法的新设想，以及改进铸铁和炼钢方法。而且，他还提出了分离化学制品和使水脱盐的技术。

就我们所知，这些项目中的每一项都失败了。但就莱布尼茨这些天才的设想本身来看，莱布尼茨确实是一个有着丰富想象力和极高创造力的人。

5. 借鉴与论证

莱布尼兹的成功在于呕心沥血的工作，善于吸收他人的思想，以及对他自己心灵的极度信任的一种罕见的结合。无论何时，只要他抓住一个新课题，他就查阅所能找到的与此有关的一切材料，但是他并不屈从于传统的观念和假设。另一方面，他希望产生一些与他的天才相当的不朽作品，它们应该既是完满的，也全都是他自己的。

这就促使他不停地工作，无休止地思考。他的理想是发现一切学科的根本真理，在他的一生中，从未动摇过这个信念。也正是由于这个信念，他在各个学科中都进行了深入的研究，并最终取得了成就。可以说，莱布尼茨是一种偶然的天才与怪僻的性格相结合的产物。像他这种天才，人类历史上很难找出第二个。

美国著名的科学史评论家大卫·伯特尔在《莱布尼茨的一生》一书中说："莱布尼茨的成功在于他独特的观念与假设，而这一点又取决于他科学的借鉴与论证。"

第十二章 第二个普罗米修斯：富兰克林

1. 从天上取闪电的人

德国著名哲学家康德曾这样评价一位伟人："他是天堂盗火者，他是第二个普罗米修斯。"这句话意味着什么呢？

在美利坚的大地上，我们不能不崇拜一个伟大的名字——富兰克林，因为他靠他的科学智慧给人类带来了无限的价值和期望，在这种期望里，富兰克林的伟大正在于他以科学的身姿向人类表明了科学的伟大力量。1706 年 1 月 17 日富兰克林生于美国大西洋沿岸的波士顿城。富兰克林的父亲是做肥皂和蜡烛的，生有 17 个孩子，富兰克林是第十个儿子。富兰克林很小就开始学习，先读了一年文法学校，又从私人教师学了一年，从 10 岁起他就再没有受过正式教育。12 岁他当了哥哥詹姆斯（一个印刷商）的学徒。1718 - 1723 年，他掌握了印刷商的生意，而终身引以为荣。在这段时间里，他刻苦读书，自学写作。

1721 年富兰克林找到了一份和《旁观者》相似的《新英格兰周报》，它公开征稿。这时富兰克林已 16 岁，他读这些稿子并有时排印这些稿子，他决定自己投稿。1722 年他用笔名"寂静的行善者"写了 14 篇系列散文，讽刺新英格兰的丧葬挽歌，以及哈佛学院的那种耍嘴皮子式的收费语言学习。所有这些，都预示富兰克林日后所具有的那种文学才能。富兰克林在波士顿或纽约城都找不到工作，他到了费城。在《自传》中他描写刚到那里的一个星期日早晨既疲倦又饥饿的狼狈情景；找到一个面包房，用 3 个便士买了 3 个"鼓胀的大面包卷"，两只手臂各夹一只，嘴里啃着第三只。他顺着市场街走下去，走过里德的家门口，他后来的妻子德博拉站在那里看见他，并"认为我的形象确实非常尴尬和滑稽"。

几星期后，他寄宿在里德家里，而且受聘为印刷工人。1724 年春，他和一群趣味相投、爱好读书的青年在一起。当时宾夕法尼亚总督 W·基思爵士鼓励他经商。在基思的鼓动下，他回到波士顿筹集资金，而父亲则认为他太年轻，不应冒此风险。于是基思爵士提出自己投资支持他，同时安排富兰克林到伦敦去选择印刷字模并与伦敦的出版商和书商取得联系。这时，富兰克林和德博拉·里德互相交换了婚姻的信物。11 月，他搭乘"伦敦希望"号轮船和青年朋友 J·拉尔夫一起渡海去英国，希望能按基思业已许诺的那样，在伦敦取得信用状和介绍信。但出海不久，他就发觉这位总督并没有守信用。在船上他遇到一位名叫 T·德纳姆的商人，是贵格会教徒，告诉他基思是不可信的。最后富兰克林宽厚地写道："他希望让每个人都快乐，而他没有什么可以给人的，他只能给人以希望。"

到 1726 年，他对伦敦已经厌倦，他曾想当游泳的巡回教练，但当德纳姆请他在费城自己店内当店员，同时有希望在西印度群岛的贸易中得到丰厚的佣金时，他就决心回家了。

富兰克林到德纳姆店里不到几个月，德纳姆就去世了。当时富兰克林才 20 岁，便回到自己的生意上来。1728 年他开始和朋友合股，两年以后，他通过贷款成为独资的业主。

1730 年 9 月 1 日富兰克兰与德博拉结婚，这段婚姻非常美满，一直维持到德博拉去世。

富兰克林和他的合股者的首次成功，是由于取得了宾夕法尼亚州纸币的印刷权。他曾写一篇题为《对自然界的谨慎探讨和纸币流通的需要》的文章（1729），帮助他取得了印刷宾州纸币的生意。此后，他成为新泽西州、特拉华州和马里兰州知名的出版商。

为了用集体力量进行社会改良，他的第一个计划是组织一个称为容托或"皮围裙俱乐部"的组织，它成立于 1727 年，其宗旨是讨论道德、政治和自然哲学问题，以及交换商业活动中的消息。为了使会员们易于得到书籍，在 1731 年组织了费城图书公司。通过容托，富兰克林建议设立付酬的城市看守员，或称警察。在他向上述组织宣读了一篇论文后，组成了一个义务消防队。

1743 年他倡议全殖民地中具有科学兴趣的人们"经常互通信件"；事隔一年，又成立了北美哲学学会。1749 年他发表了《有关宾夕法尼亚青年教育的建议》。1751 年建立了费城学院，以后发展为宾夕法尼亚大学。富兰克林是一位成功的公益事业发起人和推动者，任何人想要办一些善举，都要寻求他的帮助。

富兰克林也很早就涉足政治，1736－1751 年曾任宾夕法尼亚立法机构的秘书，1737－1753 年曾任宾夕法尼亚的邮政局长。1748年前，他最重要的政治活动是为抵抗法国和西班牙可能向殖民地发动的进攻而参与组织防卫军队，这时法国和西班牙的私人船只就在特拉华河中活动。他利用州内各种小集团的自身利益来投其所好的才能是非常出色的，这可从 1747 年他所写的《平凡的真理或对费城和宾夕法尼亚的现况实情的严肃思考》等文章的内容上看得很清楚。

18 世纪 40 年代，电是一个新的时髦课题，从富兰克林的一位英国通信朋友赠给费城图书公司一台电机之时起费城人才开始知道电。1746—1747年冬，富兰克林和他的3位朋友开始研究电的现象，费城的气候和费城仪器制造者的才能给予他们很大帮助。他们设计了不少精巧的实验和仪器，并写在私人信件上传送到英国伦敦的皇家学会或《绅士杂志》。后来在1751年，这些文章被收编入《对电的实验和观察》论文集，并译成法文、德文和意大利文。

1753年富兰克林任邮政副总监，管理北方各殖民地的邮政。此后他开始思考这些殖民地间的关系。他建议的"联邦计划"被1754年举行的奥尔巴尼议会所接受，将由几个殖民地的代表参加组成全体代表会议，在那里商量组织共同防线来对付法国入侵者，并监督这些新殖民地的人群和印第安人的关系。

1755年富兰克林曾用宾夕法尼亚农民提供的车和马支持法国和印第安人战争中的布雷多克将军。

在七年战争后，1763年的《巴黎条约》把加拿大归属于英国。这时，富兰克林业已回到费城，宾夕法尼亚立法机关和领主佩恩家族发生了冲突。立法机关认为宾夕法尼亚应该变成英国的直辖殖民地。1764年底，富兰克林又回到伦敦，交涉办理这一新宪章，但以失败告终。1774年1月，他帮助把马萨诸塞的总督哈钦森写给英国上级的若干封信公诸于众，富兰克林被免去了公职。1775年3月，他感觉到可能会发生战争，便离开了伦敦回到费城。自他到达费城那天起，他就成为美洲殖民地第二届会议的代表，他是参加组织邮政系统委员会的成员，还是《独立宣言》的起草委员，也是动员加拿大作为同盟者参战的委员会的成员，而后者则一直未能成功。

1776年9月，会议同意派遣一个高级代表团去法国谋求经济和军事援助。富兰克林作为3个高级代表之一，在圣诞节前夕赶到巴黎，立刻和法国外交部长韦尔热纳伯爵在格拉维耶进行秘密谈判。

富兰克林一直和法国外交部长韦尔热纳伯爵合作得很好，直到其他两位高级代表 J·亚当斯和 J·杰伊否决了他。在未同法方事先商量的情况下，于 1782 年与大英帝国草签了协定，并于 1783 年 9 月 3 日签署了正式协定。

富兰克林希望早日回家，但由于谈判贸易协定在巴黎又停留了两年多。他的名声强劲如前，他曾观看了第一只气球升空，曾被路易十四聘为"动物磁性"（或催眠术）报告委员会委员。一位德国内科医生认为催眠术可以治疗许多病，但不能治所有病。回费城后，富兰克林生活比较安闲，但有时也参加一些公益活动。他最重要的职务是任 1787 年制宪大会的成员。

在他生命的最后一年，他卧床不起，除非严重疼痛，医生禁止他使用鸦片。他于 84 岁时去世。费城为他举行了该城历史上最隆重的葬礼。

1760 年富兰克林在费城的大楼上立起了第一根避雷针，这引起神学家们的反对，他们认为雷和闪电是上帝震怒的表示，就像生病是上帝的惩罚一样，应该逆来顺受，避雷针违背了上帝的旨意。神学是禁锢不住科学的，科学的进步一层一层地揭露出上帝和神学的虚伪。

2. 信奉真理

幽默感与创造力往往成正比。富兰克林是一个幽默、开朗而又充满激情的人，他非常善于与人交往，并具有很高的外交天赋，因此他成为 18 世纪著名的外交家。英国殖民统治时期发生的一件事情很能说明富兰克林的幽默感和敏锐性：

那时有些英国人为了阻止 13 个殖民地成长壮大，有意要把加拿大让给法国。富兰克林在一篇文章中写道：只要议会通过一条法律，要求助产士把出生的第 3 胎或第 4 胎婴儿都窒息死，那么这不是比阻止殖民地壮大还要简单易行吗？

富兰克林最大的嗜好是文学，成为一个作家曾是他青年时期的最大理想。而且他本人也是一位文学方面造诣很高的人，他拥有大量和著作和政治论文，是美国 18 世纪最著名的文学家之一。

此外富兰克林也爱好旅行，他喜欢乘坐马车从一个城市到另一个城市，这可能与他多年的外交生涯有关。他的这一兴趣在他晚年患了严重胆结石后仍未改变。79 岁时，他还忍着疼痛去法国的勒阿弗尔旅游。

3. 全面思考与关心政治

天才来自勤奋。富兰克林心怀大志，善于动脑，勤奋刻苦，在边工作边学习的艰苦生活中积累了丰富的书本知识和社会经验，成为一个在各方面均有重大建树的旷世奇才和时代伟人。他是电气科学的先驱，为电荷守恒定律的发现奠定了理论基础，做出了避雷针、平面电容器和"富兰克林火炉"等重大发明，并在机械、化工、天文、地质、生物、光学和金融学等领域都有很高的造诣。他还以高度的社会责任感和卓越的组织能力为费城和美国人民做出了许多其他贡献：创建了北美第一个公共图书馆、组织了北美第一个哲学会、创建宾夕法尼亚大学、创办第一流的报纸、杂志以及消防队、专职警察机构、医院和民兵自卫组织，并在邮政和路政事业中大放异彩。富兰克林一生勤于思考和笔耕，写下了浩繁的著述，针砭时弊，挞伐邪恶，颂扬并光大人间正气和真善美，为人类留下了一大笔宝贵的精神财富。他的《穷理查历书》一书曾广泛流传于欧美各国，成为一部影响巨大的世界性畅销书。更为重要的是，富兰克林还是一位献身于人类进步事业的正义战士。他早年致力于反对殖民地业主和总督的专横统治，争取北美人民正当权利的斗争，后来又献身于打碎英国殖民枷锁，争取民族独立自由的伟大事业，他是主张英属北美殖民地联合的《奥尔巴尼联盟计划》的制定者，《独立宣言》的起草人之一，独立战争中代表美国出使欧洲，缔结美法联盟，游说欧洲各国支持美国革命，胜利以后又为创建新型的联邦制国家而呕心沥血，是费城制宪会议的主要负责人之一。

在社会生活的各个领域，富兰克林都是一个璀璨夺目的佼佼者。他的一生正可以用"旷世逸才"这四个字来概括。

4. 奇特的追求

有一次，富兰克林做电学实验着了迷。抑制不住的他想为即将到来的圣诞节创造出一个奇迹，于是他设计了一个"电火鸡"的实验。

在实验中，富兰克林准备用从两只大玻璃缸中引出的电杀死一只火鸡，当他"一只手在联接着的顶部电线上，另一只手握住与两个缸体表面都相连着的一根链子"时，突然窜出一道耀眼的电火，同时发出了如同放爆竹一样的巨大响声，富兰克林应声倒地，整个身子在剧烈地颤抖，握着链子的手蜷缩成鸡爪状，双目紧闭，面无血色。十几分钟之后，富兰克林才清醒过来，他慢慢睁开眼睛，用微弱的声音告诉周围的人：他似乎见到了上帝。

科学家也是人，他们也会犯错误。而科学家的过人之处恰恰在于他们能从错误和失败之中揭示出鲜为人知的真理的奥秘。从这次挫折中富兰克林得出了一个结论：串联起来的足够多的电瓶可以释放出如同闪电那样巨大的电流。下一步要做的就是让闪电自己来证明：我就在剧烈地放电！

一段时间以来，富兰克林一直在试图验证他的关于闪电与电的性质相同这一假设，他正在寻找一座高的建筑物，以便能从天空的云层中引下电流，实现他的这一实验。1752 年的 6 月，闷热的夏季到来了，天空经常阴云密布，雷雨交加，望着变幻莫测的天空，富兰克林陷入了苦苦的思索。忽然，他想起了儿时放的那只蓝色的大风筝。蓦地，一个大胆的想法闯入了他的脑际：借助一只普通的风筝就可以便利地进入带雷的云区，从而完成他期待已久的实验。于是，他立即与 21 岁的儿子威廉一起动手，精心制作了一只大风筝——两根木条拼装成风筝十字形的骨架，上面蒙上一块丝绸，便形成了它的身躯和两翼。然后，他们在风筝的上端固定了一根尖头的金属丝，在风筝的末端绑上一把金属钥匙。

一天，天色阴沉，电闪雷鸣，富兰克林和威廉把风筝升入天空。时间一分一秒地过去了，父子俩焦急地观察着，却没有发现任何带电的迹象。忽然，一团乌云飘来，富兰克林猛然间发现：风筝线尾端的麻绳纤维相互排斥地耸立起来，就像悬垂在普通的导体上一样。他感到一阵狂喜，下意识地伸手指向钥匙，结果受到了强烈的电震。大雨很快自天而降，当雨水打湿了麻绳时，他看到了美丽异常的电火花。

实验成功了，人类可以自豪地宣布：闪电与电是同一物质。富兰克林高兴得难以自持。但为了进一步研究整理这一研究成果，让这一消息发表在自己的报纸上（另一个原因是他公务繁忙），富兰克林父子把这一秘密一直保持到了10月份。10月19日，富兰克林关于电风筝实验的第一篇报道在《宾夕法尼亚报》上发表了。

大约在同一时期，宣兰克林还搞了另一项雷电实验：将一根削尖的铁棒固定在烟囱顶端向上伸出九英尺，从铁棒底部伸出一根金属线穿过屋顶下的玻璃管，并通过楼梯引下来与铁矛连接，在楼梯上将金属线分开，每头各系一只小铃铛，再用丝线在铃铛之间悬起一只小铜球，每当雷云经过时铜球就会摆动并敲响铃铛，而上方引出的电火花又可以给电瓶充电。这一实验再度证明了闪雷就是电以及尖端吸引和放电的原理，并且证明可以利用这一原理使人类避免遭受雷电的袭击。

1760年，富兰克林把这种装置安装在宾夕法尼亚学院和政府大厦的尖塔上，这大概就是富兰克林发明并实际使用的最早的避雷针了。当他邀请人们前来参观避雷针时，人们对这一重大发明惊叹不已。但有一位肥胖的阔太太对此却大惑不解："这么一根尖铁棒棒能有什么用呢？"富兰克林彬彬有礼地回答道："夫人，新生的婴儿又有什么用呢？"周围响起了一片友好的笑声。

5. 善于从细微处着眼

美国著名记者金斯·伯格曾有过这样一段评论："富兰克林是一个性格健全，知识健全，体格健全的人，正是由于他的全面发展，使我们拥有了一个如此丰富的天才。"金斯·伯格的这段话很好地揭示了富兰克林成功的奥秘之一：全面发展。正是由于他的全面发展才使得他在各个学科都取得了如此璀璨的成就。第二点，就是富兰克林实事求是的精神也是令人敬佩的，他说："我把各种见解留在世上，使之受到验证。如果是对的，它们将在真理和实验中得到证实；如果是错的，那么它最终也会被证明是错的，从而被摒弃掉。"富兰克林对科学的未来寄予了极大的希望，他说："科学的迅速发展，使我有时遗憾地感到我降生太早，人们若要预计一千年内人类征服世界方面将达到何种程度是不可能的。"在今天，富兰克林的很多预言都变成了现实，这不能不让我们佩服他的天才思想。

富兰克林的科学主义精神和人文主义精神是其灵魂，在这个灵魂里始终充满着关注科学、相信科学的激情。

富兰克林作为一名科学家，他的思想品性也是很高尚的，他关心政治，热爱自由，反对暴力，崇尚和谐。他说：

一、热爱自由的人们，既敢于反对暴政也敢于反对暴君的人们，站起来吧！旧大陆的每一块土地都遭到践踏和蹂躏，自由遭到驱逐，亚洲和非洲早已把它扫地出门了，欧洲对它也视同陌路，英国则向它发出警告，让它走开。啊！接受这个逃亡者，为人类提供一个避难所吧！

二、我们认为下面这些真理是不言而喻的：人人生而平等，他们都被造物主赋予了某些不可转让的权力，其中包括生命权、自由权和追求幸福的权利。为了保障这些权利，人类才在他们之间建立政府，而政府之正当权力则来自被统治者的同意。如果遇有任何一种形式的理论损害了这些目的，那么，人民就有权利改变它或废除它，以建立新的政府。

　　三、在宇宙的秩序和安排中，这种痛苦和不安是十分必要的，而且是非常美好的！假如它现在就从地球上消失，其结果是：所有动物的创造物将以不安离去时的姿态纹丝不动，从此以后将不会有一个肢体、手指再活动了，我们将全部处于泥塑木雕状态。

　　四、关于我自己，眼下过得十分惬意，感谢上帝的慈悲，我的身体还可以。我读书多，骑马少，做别人的事多，做自己的事少，一有闲暇就休息，高兴时就找朋友，年复一年。最终的时刻终将会来临，到那时我但愿能听到这样的话："他活着对大家有益"，而不是"他死时很富有"。

　　富兰克林理所当然是那个时期美国的首席科学家，他的才智包罗万象，他永无休止地思索，盯住大大小小的各种问题。这就是他成功的因素。

解读

科学家的

大智慧

韩宇◎编著

下

中国出版集团

现代出版社

图书在版编目（CIP）数据

解读科学家的大智慧（下）／韩宇编著. —北京：现代出版社，2014.1

ISBN 978-7-5143-2120-3

Ⅰ. ①解⋯ Ⅱ. ①韩⋯ Ⅲ. ①科学知识－青年读物 ②科学知识－少年读物 Ⅳ. ①Z228.2

中国版本图书馆 CIP 数据核字（2014）第 008525 号

作　　者	韩　宇	
责任编辑	王敬一	
出版发行	现代出版社	
通讯地址	北京市安定门外安华里 504 号	
邮政编码	100011	
电　　话	010－64267325 64245264（传真）	
网　　址	www.1980xd.com	
电子邮箱	xiandai@cnpitc.com.cn	
印　　刷	唐山富达印务有限公司	
开　　本	710mm×1000mm　1/16	
印　　张	16	
版　　次	2014 年 1 月第 1 版　2023 年 5 月第 3 次印刷	
书　　号	ISBN 978-7-5143-2120-3	
定　　价	76.00 元（上下册）	

目　录

第十八章　现代化学的立法者:门捷列夫

第十九章　发明大王:爱迪生

第二十章　精神分析专家:弗洛伊德

第十三章　工业革命的缔造者：瓦特

1. *发明蒸汽机的巧匠*

　　每当您和家人乘坐汽车去郊外游玩，尽享天伦之乐的时候；每当您坐在家中享受现代化电气设备，尽情舒展身心的时候；每当您漫步于大街，欣赏现代都市高楼大厦的时候，您是否想到过他？正是他的聪明才智缔造了这样一个工业社会，正是他让人类在二百年间超越了过去二百万年的历程。他就是工业革命的缔造者——瓦特。

　　詹姆士·瓦特 1736 年生于英国造船业中心格拉斯哥附近的格林诺克。他的父亲做过造船木工，兼营商业。祖父、叔父都是机械工人。由于家庭的影响，瓦特的少年时代就熟悉了一些机械制造的知识。他没有受过系统的学校教育，十八岁就走上社会，先在格拉斯哥学习手艺，不久又去伦敦，在一家钟表店里当学徒。由于刻苦学习、努力实践，他不久就能制造难度较高的象限仪、罗盘和经纬仪等仪器。

　　1764 年出现一桩事情，在瓦特正在修理的一种型号叫纽科门的蒸汽机上，因蒸汽凝聚成水而放出潜热致使蒸汽机浪费掉大量的能量。解决的办法是制造一种带分离冷器的蒸汽机，这样在每一冲程时就不需要把汽缸加热和冷却。1768 年瓦特与一位炼铁厂的创建人约翰·罗巴克合伙生产蒸汽机，但他从 1769 年开始任土地测量员，几乎没有时间去研制蒸汽机，而罗巴克在 1772 年也破产了。1775 年瓦特与马修·博尔顿的第二次合伙颇有成效，虽然直到 1790 年才给瓦特带来成就，完成了闻名的瓦特蒸汽机。

这种蒸汽机经过几个阶段的改进，对工业革命作出了重要的贡献。早期的往复式蒸汽机用于科尼什铜锡矿矿山的排水。1781 年瓦特发明的一种具有行星轮系的旋转式蒸汽机，则用于面粉厂、棉纺厂和织布厂。瓦特也因为蒸汽机的专利而成为一名百万富翁。他与人合资兴建了一家纺织厂，并自任老板。经商的生活占据了他的后半生。1819 年 8 月 25 日，瓦特逝世于英国的港口城市伯明翰。

瓦特以其在蒸汽机改进方面的巨大贡献而于 1784 年被推选为爱丁堡皇家学会会员，1785 年又被选为英国皇家学会会员。以技术工人的身份而进皇家学会，这对皇家学会来说还是首例。1814 年，瓦特又作为外国专家而成为法国科学院院士。

瓦特的贡献使他无愧于"工业革命缔造者"的称号。

2. 两次工业革命的导火线

世界上没有绝对完美的人。瓦特是一个虚荣心很强的人，这有好处，但也有坏处。一方面，对荣誉的渴望使他不断进取，从发明蒸汽机到成为波尔顿——瓦特公司的老板，瓦特逐渐从一个贫穷的技工变为上层社会的名流。但另一方面，虚荣心使他容不下别人的意见，他经常以"权威"时身份压制别人的创造发明。1781 年，霍恩布鲁渥发明了两个汽缸交替动作的"双筒蒸汽机"，并向英国议会呈请专利。瓦特却借口其中用了他的一项专利，唆使议会阻止这一发明的推广。18 世纪末叶，特列维蒂克成功地试制了高压蒸汽机。瓦特极力阻挠，要议会宣布其为危险和非法。他还曾嘲笑别人把蒸汽机用以驱动火车的努力。

瓦特从小就喜欢摆弄一些机械、工具，并善于观察生活。他是一个制造工人的儿子，所以对机械有着先天的爱好。这为他日后发明蒸汽机提供了条件。瓦特另一重要兴趣便是马术，他认为这会陶冶人的性情，他经常自己一个人骑着马去郊外游玩打猎。在他成为上流社会的一员之后，他又迷上了猎狐，这是英格兰民族一项传统的贵族运动。瓦特简直成了一名猎狐高手，曾有过一天猎取十五只的非凡纪录。

3. 分析与改造

在人类历史发生重大转折的时候，总是会出现一些领导潮流的人物。蒸汽机是社会生产发展到一定阶段的必然产物，是第一个真正国际性的发明。在瓦特之前，法国技师巴本已于1690年制造出第一部实验性的蒸汽机，接着又出现了其他一些类型的蒸汽机，其中著名的是1705年苏格兰铁匠纽可门制成的较为先进的蒸汽机——纽可门机，能将热能大规模地转变成机械能，被英国和欧洲各国所采用。但纽可门机很不完备，不能适应当时生产的需要。1764年，格拉斯哥大学请瓦特修理纽可门机。在修理过程中，他熟悉了蒸汽机的构造和原理，并发现纽可门机有两个严重缺点：一是活塞动作慢而且不连续；二是浪费燃料，蒸汽利用率低。瓦特在其他一些工人的帮助下，进行多次反复试验，对纽可门机进行了重大改革，在1768年制成了一台单动式蒸汽机，不仅动作比纽可门机迅速，而且耗煤量也比纽可门机少四分之三。在此基础上，他又进行改进，于1784年制成了动力更大、能产生多种形式机械运动的往复蒸汽机，从而使蒸汽机接近于现代水平，被广泛用于生产。到19世纪三四十年代，世界就进入了"蒸汽时代"。瓦特的名字和他的贡献将永远留在世界工业史册上。

4. 他与他的两项发明

瓦特的第一次试验是用一把水壶，从壶嘴上接一根管子，通进一个带刻度的并盛有冷水的烧瓶里。然后，他把水壶里的水烧开，直到烧瓶里的水的温度达到沸点，此时就再也没有一点蒸汽会冷凝了。他注意到烧瓶里的水的数量已增加了 1/6，这便是蒸汽冷凝下来的水。由此他做出了正确的推算：如果要把水变成蒸汽，那么在水达到沸点时，它就能比原来它本身的体积增加 6 倍。然后，他又把这一结果转换成温度的形式，他的办法是把 1 克水从零摄氏度提高到 100 摄氏度所需要的热量，作为 100 个热量单位。试验开始的时候，烧瓶里冷水的温度是 11 摄氏度，因此要把这 1 克水的温度提高到沸点，就需要 89 个热量单位。然而，这试验却表明：从水壶里出来的蒸汽，能够将与其等量水的温度提高到沸点，并使其体积增加 6 倍，其结果是所耗费的热量单位为 534 个。瓦特无法对这一现象做出解释。接下去所发生的情况，最好用他自己的话来加以说明：

"由于对这一异乎寻常的事实感到十分惊疑和不理解其原因，我便向我的朋友布莱克博士提起此事，他于是对我解释了他的潜热理论，这一理论他在此以前就已讲授过一些时候了；但是由于我自己一直在忙于谋求生意，因此，当我无意中发现了一个用绝妙的理论加以证实的无可辩驳的事实时，即使是我以前对它就有所闻，我也是不会去重视它的。"

　　正如布莱克对瓦特解释的那样，当水沸腾并转变成蒸汽的过程中，尽管温度不再进一步升高，但却继续吸收热量。当蒸汽冷凝时，这部分热量就会被释放出来，正是这一结果，曾使瓦特感到迷惑不解。实际上，他们俩得出的结论是相同的，只是通过的途径不同而已。瓦特所取得的534个热量单位这一数字（注：当今蒸汽潜热的精确数字为537个热量单位），正是布莱克所说的蒸汽的潜热。布莱克对于他的结论能被别人用这种实际的方法加以证实，自然感到喜悦，因此，他以极大的兴趣关注着瓦特试验的进展，并且给了他很多帮助和指点。罗比森回到大学后，他也同样满腔热忱地鼓励瓦特进行试验。

　　一旦瓦特掌握了关于潜热的理论，纽科门式发动机效率低的症结也就迎刃而解了，并且这对他后来的所有试验工作都起着指导的作用。他终于知道了在汽缸交替加热和冷却的过程中，损失掉的热量到底有多少；通过试验还发现，对进汽和注水做再多的调整，都无法弥补这一基本缺陷。他曾利用了几个星期的时间，为此绞尽脑汁，也没有能够解决这一矛盾，即从效率考虑，应该尽可能地保持汽缸的热度，而为了造成真空，似乎又必须使汽缸冷却。对于摆脱这一进退两难困境的途径的发现，正是他最著名的一项创举。瓦特在晚年曾对格拉斯哥的一位工程师罗伯特·哈特确切地讲述了这一发现的由来。

　　瓦特想到解决的方法，是在一次偶然的机会里，他是在一个星期天下午散步时产生的灵感。

　　那是美丽的四处漫溢草香的1765年5月。和风徐来，吹动格拉斯哥草地上的低矮丛林。这是一块河边的广阔草地，羊群在这儿啃食青草。洗衣妇们都在这儿晒床单。工作之余，大家也都来这儿沿着河岸散步，并且享受新鲜的空气。由于苏格兰严格规定星期天不准工作，于是瓦特穿上他星期天的最佳行头，离开他的工作台，和其他人一样，来到河边草地呼吸新鲜空气。

他这时已经成家了。这天下午，他的太太待在家里，瓦特一个人出门。他一面深思，一面经过洗衣妇的屋子以及牧羊人住的屋子。

突然之间，他想到了这个谜底的答案。

瓦特说："那是在格拉斯哥的格林公园里发生的事情。在一个晴朗的安息日下午，我出去散步。我走过那家老洗衣房，然后又通过夏洛特街尽头的大门，进入了这个公园。当时，我正思考着那台发动机的问题。当走到赫德剧场时，有一个想法浮现在我的脑海里：由于蒸汽是一种具有弹性的物体，因此，凡是有真空的地方，它就无孔不入；如果在汽缸和排气室之间有一条通道的话，那么蒸汽就会涌进这个排汽室里，并且可能在那里冷凝而不需要冷却汽缸。然后我又领会到，如果我使用一个像纽科门式的发动机上的那种喷嘴，我就准能解决冷凝蒸汽和注水的问题。为了做到这一点，我想到了两条途径，其一，如果能制成一条向下延伸三十五六英尺长的排水管，那么水就可以从这条管道流走，而所有的空气则可由一个小气泵抽出；其二，制造一个大到足以把水和空气一起抽走的泵……当我还未走过高尔夫球场的时候，对这件事情的整个安排便已经胸有成竹了。"

瓦特的这一重大构思就这样形成了，他急得手指发痒，跃跃欲试，想先搞出模型来，可是出于对苏格兰安息日的考虑，他不能马上就到他那个靠近牛肉市场尽头的一个小院中的小作坊里去。这个小作坊就是他当时进行试验工作的地方。但是，就在第二天，他便开始动手制造了一个装置，尽管这个装置设计简单、制作粗糙，但却能够使他对他的新理论进行检验。现在同瓦特的其他的一些模型一起保存在科学博物馆里的这个装置，被认为是分离式冷凝器原理的第一次历史性的应用。按照传统的做法，这台装置归科学博物馆所有是理所当然的。它是由伯明翰的詹姆斯·瓦特公司于1876年赠给科学博物馆的。这个装置是由三个直立排列的圆筒状主要部件组成的。首先是一个装有保温套的封闭式蒸汽汽缸，另外还配有一个活塞和一个活塞杆，这个活塞杆的下端通过一个填料函伸出来，头上带有一个挂钩，用来提升供试验的重物。这个汽缸的旁边是冷凝器部件和气泵筒，这两个部件在其底部，由一个作为冷凝器一部分的长方形水箱把它们连接在一起。虽然，这台小模型肯定在某个时候损坏过，并且修理时所用的方法也未能使它运转，但瓦特用来证实自己理论的方法，却似乎是显而易见的。

瓦特依靠这种模式的试验最终发明了人类历史上第一台高效率的蒸汽机。

瓦特的朋友罗比森讲过一个瓦特的故事，这个故事非常清楚地说明了瓦特复杂性格中的两个侧面：一个侧面是他会偶尔出现一种强烈的自信情绪，这同他常有的意志消沉和自我怀疑的情绪形成了鲜明的对照；另一个侧面是他那种秘而不宣的性格，使他有时甚至对自己最好的朋友都信不过。有一次，罗比森没打招呼就闯进了瓦特家的起居室，发现这位发明家正坐在火炉旁，他的膝盖上放着"一个小小的马口铁箱"。罗比森后来才明白，这就是表面冷凝器。毫无疑问，瓦特当时正在用火炉里烧着的烙铁焊接它。罗比森立刻便开始兴致勃勃地同他谈起这个他们俩都极为关注的问题，而且还向瓦特问起试验的进展如何。瓦特却闭口不答，默默地坐在那里凝视着炉火。过了很长时间，当罗比森继续追问他的时候，他才终于冷冷地瞅着他并粗暴地开口说着："老兄，你就用不着再操这份心了；我现在已经制成了一台一点蒸汽都不会浪费的发动机了。它将全部沸腾发热，咳，要是我高兴的话，还可以注进热水。"说完之后，他就把那个小小的马口铁箱放在地板上，用脚把它轻轻地踢到桌子底下，不让人看见，事情就这样结束了。直到后来，罗比森才间接地听说，他这个朋友发明的是一个分离式冷凝器。

5. 认真踏实与刻苦钻研

传奇的经历往往造就传奇的人生。瓦特是一位富有传奇魅力的人，从他的成长道路和奋斗经历，我们可以受到许多有益的启迪。例如，他自幼就体弱多病，由于母亲的娇生惯养，助长了他那高傲和孤僻的性格。在他小的时候，没有任何迹象表明他会成为一个未来的"天才"，反而由于显得呆头笨脑和不合群而经常受到同学们的欺负。中学毕业前夕，他的家庭又遭到了严重不幸：弟弟在海上遇难，忧伤过度的母亲撒手人寰，父亲的生意也几乎破产。家庭经济状况的困窘，使他失去了上大学深造的机会，不得不外出学徒，以便将来靠自己的手艺谋生。开始工作以后，尽管他对科技研究很有兴趣，但却不得不去从事各种繁重的劳动，以便挣钱吃饭。这样，他就没有条件把自己有限的精力集中投放在研究试验方面。

然而，所有这一切，都没有阻止他那种勤学苦干的精神。不论做什么工作，他总是那么认真踏实，一丝不苟，特别是自从他接触到蒸汽机的研制试验以后，更是锲而不舍，刻苦钻研。就这样月复一月，年复一年，也不知克服了多少艰难险阻，闯过了多少技术难关，终于使他所设计的瓦特蒸汽机问世，并且不断加以改进，使之成为节能高效、方便实用的动力机，从而使大工业生产成为可能。

瓦特的贡献，正如阿西莫夫所说："瓦特是点燃两次工业革命的导火线的人，即他不但以蒸汽机的改进发明而推动了第一次工业革命，而且当代正在经历的自动化革命也可追溯到他那里。"

第十四章　电子时代先驱：法拉第

1. 磁场专家

打开收音机，便可收听到电台的广播；揿动电视机开关，便可看到电视台播放的节目。进入电脑网络，我们可以感知世界每一个角落的故事。这在今天，已经是人们司空见惯的事情了。可在一百六十年前，即使是一位杰出的科学幻想小说作家，也绝对构想不出如此离奇的情节。

到了19世纪30年代，英国科学家迈克尔·法拉第发现了电磁感应现象，并进而创立了场的理论之后，电磁波才成为科学家们的探索对象，世界的面貌才发生了日新月异的变化，电气化时代的曙光才逐渐照亮了整个人类！

法拉第曾经风趣地说："在这些成绩记录和重要事件当中，我谨记下了一件事情的日子，作为荣誉和幸福的源泉，这件事情的重要性远远超过其他事情——我们是在1821年6月12日结婚的。"

　　喝水不忘掘井人、今天，当我们享受着电气化时代科技文明的时候，我们决不应当忘记法拉第的丰功伟绩，决不应当忘记他的奋斗精神和无私无畏、谦虚谨慎的伟大品格。

　　法拉第 1791 年 9 月 22 日生于英国伦敦南面的萨里郡纽因顿一个贫困的铁匠家庭，他是一家四个孩子中的第三个。法拉第 5 岁那年，全家为谋生而迁居伦敦，靠有病的父亲一人工作维持全家生计，生活虽然艰难，但家庭温暖和睦，慈爱而严厉的双亲培养了法拉第勤劳、刻苦、质朴、友善的品格。法拉第的父亲是铁匠，身体很差，工作时断时续。法拉第还在儿童时代就知道真正的贫穷，他受的教育有限，13 岁时就辍学了。1804 年他开始为书商当报童，第二年做了装订工学徒。他对科学的兴趣似乎是因读了他装订的《大英百科全书》中长达 127 页的电学条目而激起的，它不仅广泛介绍了电学的各种实验及其发展状况，而且大胆地将电解释为一种振动，向当时流行的将电解释为一种流和两种流观点提出了挑战。电学的新鲜的、可以用实验验证的知识激发了法拉第的好奇心，这促使他买了材料来制造莱顿瓶以进行一些简单的实验。他参加了市哲学会并定期参加活动，这进一步扩大了他的知识背景。1812 年他在皇家学院听汉弗莱·戴维讲课，这标志着他一生中的转折点到来了。他详细地记听课笔记，并把它装订起来。

　　1812 年 10 月，法拉第学徒期满，作为听写员临时推荐给戴维。12 月份，法拉第将仔细装订成册的戴维讲座记录送给戴维，明确表达了从事科学研究的愿望。1813 年 2 月，经戴维推荐，法拉第成为皇家研究院实验室助理。法拉第因作风正派、积极肯干、性情和善、聪明机敏而获得了实验室助理的职务，待遇是每周 21 先令并免费供给火烛，皇家研究院顶楼的两间住房。法拉第的愿望终于实现了。1813 年 3 月初，他搬进皇家研究院，开始了他长达 50 多年献身科学的历程。

1813 年 10 月—1015 年 4 月，法拉第作为助手，随戴维夫妇访问了欧洲大陆。一路上法拉第听取戴维介绍各种科学知识，并见到了安培、伏特等知名科学家，还与瑞士科学家德拉里夫父子保持了终生的友谊。一年多的游历使法拉第大开眼界。戴维对法拉第产生了最重要的影响。

1815 年他被提升作助手和实验室仪器以及气象资料管理员。1825 年他成了实验室主任，1833 年他被遴选担任皇家学院新捐赠设立的富勒化学讲座教授。早在 1827 年他还谢绝了伦敦大学学院要他担任化学教授的邀请。

从 1821 年起，法拉第一直参与皇家研究院的管理工作，其中实验室主任和事务主任两职直到 1865 年才获准辞去。法拉第为皇家研究院的存在和发展作出了贡献。

2. 不想变成贵族

法拉第热爱科学和科学研究。一个好的实验的成功，常常使他无比兴奋。为了专心从事科学研究，他放弃了一切有丰厚报酬的商业性工作。法拉第为商业和工业服务的收入，在 1831 年这一年曾达到 1094 英磅，并有希望达到每年 5000 英磅，而他的年薪当时仅约 100 英磅。在致富与科学之间，法拉第慎重地选择了科学。结果他的服务性收人很快迅速降低，1845 年以后完全断绝。1835 年英国政府拟赠给法拉第一份年金，法拉第表示能自食其力而不愿接受，后经亲友巧妙劝说，首相为不慎言辞道歉之后方被接受。

法拉第淡泊名利，为人质仆，待人真挚热情，曾长期为许多公私机构热心服务。

法拉第在进行"转磁为电"这一重要课题的研究过程中，像发了疯似地埋头实验。但进展总不那么顺利，用法拉第自己的话来说就是，他"从水里抓到的，不是一条龟，而是一根稻草"。为了改变"无结果"的状态，以便"从水里抓到大鱼"，法拉第倾注了自己的全部精力。他在给朋友的信中写道："由于埋头在实验里，我连吃饭的时间也没有了。我需要时间啊！"

为了取得时间，把每一分钟时间和主要精力集中在一个目标——科学创造上，他主动采取了断然措施，拒绝参加与科学无关的活动。

法拉第一生为了探索电、磁、光的关系，曾经作了一万多次实验。这些实验的情况他都作了真实的记录。从 1839 年至 1855 年，他汇集了自己的部分实验报告，分别出版了三卷《电学实验研究》。这是一部凝聚着他的毕生精力和心血的巨著，对培养后一代的科学家曾经产生了无可估量的影响。

　　法拉第视荣誉和财物为浮云。就在他拒绝为企业提供商业性服务以后，他的经济状况愈下。几个热心的朋友于 1835 年给首相罗伯特·皮尔爵士送上呈文，建议政府给法拉第颁发特别年金。

　　可是，在年金尚未批下来之前，保守党内阁便倒台了，自由党人梅尔本勋爵担任了新首相。朋友们希望法拉第去拜访梅尔本，以争取这笔年金。法拉第执意不从，他认为自己完全可以养活自己，用不着什么年金。后在岳父巴纳德先生的一再劝导下，他才勉强于 10 月 26 日去见首相。梅尔本对这种津贴作了尖刻的评论，说它是"十足的欺骗"。这就足以使法拉第拒绝津贴。法拉第留下了一封信：

　　爵勋阁下：

　　承蒙勋爵阁下约我今天下午谈话。听了阁下对于近来给科学工作者发放年金的意见，我谨表示谢绝勋爵阁下的好意；因为从勋爵阁下手中接受年金，恐怕不能使我自己满意；它虽然具有嘉奖的形式，实际上却具有您阁下那么有力地赋予的性质。

　　此事传扬开去，保守党大作文章。梅尔本为了平息风波不得不决定授予法拉第年金，并给法拉第写了一封道歉信。

　　1857 年皇家学会希望他出任会长，英国政府拟封他为爵士，他都坚决拒绝了，他愿意自己永远是普通的法拉第。他笃信宗教，强烈排斥政治和政治活动。他说："法拉第教授出身平民，不想变成贵族。"

3. 沉醉于科学之中

法拉第的一生，在物理、化学等方面都作出了巨大的贡献，奠定了现代自然科学的基础。

法拉第的第一项真正的成功是化学。1823 年他意外地液化了氯。1825 年他在受委托考察照明气储气筒中的残留物时发现了苯，他称它为"氢的二碳化合物"。作为一个勤恳的化学家，法拉第是当时最好的分析家。虽然法拉第一生都是作为化学家在工作和发表文章，但是他在 1820 年转向了一个新的领域，这在他一生中占有主导地位。

法拉第开始接受这样的观点：电是由两种流体组成的。法拉第在 1821 年作出了他的第一项重要发现：电磁转动。一块磁铁被直立在水银缸中，它的一极固定在缸底，另一极浮出水银面。一根浸在水银中但可自由转动的导线悬挂在磁极上方。当电流通过汞和导线的时候，导线就绕磁铁转动。如果将导线固定，使磁铁可以转动，那么电流将引起磁棒转动。第一个电动机就这样作成了。法拉第和很多人一样相信用磁作用产生电流也是可能的。他断断续续干了 10 年，没有成功。到 1832 年他想出一种仪器，证明了一个在线圈中来回运动的磁铁也将产生电流。

在解释磁和电现象的过程中，法拉第并没有用当时的流体理论。代替流体理论的是，他引入了力线通过物体和空间的概念。

并以此发现了电磁旋转和电磁感应定律。

法拉第一点也不懂数学，只是依赖他的绝妙的实验技术和想象力。他的力棒被其他谙悉数学的人接过去。法拉第的伟大在于他在放弃传统物理学建立全新的物理学方面的勇气和洞察力。在创造性的水平上很少有人能和法拉第相比。

4. "伟大的法拉第教授"

法拉第进入皇家学院实验室以后，心里只有工作，整天在科学的战场上驰骋。他进入了"男大当婚"的年龄，但由于爱情价太高，需要花费大量的时间和精力，所以他暗下决心，拒爱神于千里之外。他曾在笔记本上写过一首长诗，列数爱情的几十条"罪状"。

然而，真是无巧不成书。就在法拉第写下这篇声讨爱情的"檄文"不久，爱神偷偷地对他发起了进攻，向他"劝降"。

1818 年，法拉第在教堂里认识了老银匠巴纳德，一来二去，便和银匠的全家人交了朋友，尤其和巴纳德的长子爱德华结为至交。第二年夏天，法拉第无意中把笔记本拿给爱德华看。爱德华看到了那首声讨爱情的诗，笑得前仰后合，还半真半假地把法拉第嘲讽了一通。回到家里，爱德华悄悄地把法拉第的古怪想法告诉了年方 20 岁的妹妹萨拉。

对法拉第抱有好感的萨拉勇敢地向法拉第索要他所写的诗。

手忙脚乱的法拉第硬着头皮连夜在笔记本上赶写了一首新诗"……希望将来我能改变，用行动来改正我的错误……"

萨拉是个聪明的姑娘。她从法拉第诗句的字里行间，看到他请求宽恕、表示悔改的真诚意愿。他的爱河开始解冻，并从顽固的拒爱堡垒里打出了求降的白旗。萨拉暗暗自喜，等待幸福时刻的降临。

1820 年 7 月 5 日，法拉第果真直言不讳地向萨拉求爱了。

法拉第终于做了爱神的俘虏。历史证明，他做对了。婚后，萨拉成了法拉第的贤内助。她无微不至地照顾着丈夫的身体，完全消除了他的后顾之忧，让他毫无牵挂地投身科学研究，并最终取得了成功。

鉴于法拉第在电磁感应方面的研究成果，牛津大学曾授予他名誉博士学位，皇家学会授予他科普莱奖。磁致旋光效应和抗磁性的发现，又使他获得了伦福德奖章和皇家奖章。奖状、奖章、名誉学位、荣誉证书从国内外的大学、学会和科学院接踵而来。他把这些荣誉证书统统装进一个盒子里，盒子外面却由他自己写下了这样一段文字：

在这些成绩记录和重要事件当中，我谨记下一件事情的日子。作为荣誉和幸福的源泉，这件事情的重要性远远超过其他事情——我们是在 1821 年 6 月 12 日结婚的。

法拉第的爱情是一朵迟开的花朵，但它却结出了丰硕的果实。他和萨拉的爱情被传为佳话，视作典范。一位科学史家曾做过如下的赞美：

"在他和他妻子的关系中，他在情爱之上又加上了骑士精神。我相信，世上从未有过更壮丽、更纯洁、更持久的爱情。他们的爱情像一颗燃烧的金刚石，持续不断地发出它白炽的、无烟的火光达46年之久。"

1857年，英国皇家学会会长罗特斯利勋爵辞职。皇家学会学术委员会希望法拉第出任会长，派物理学家丁铎尔前去劝说。

"法拉第教授，您已经知道，罗特斯利勋爵辞去了会长职务。"丁铎尔说，"我们都真诚地请求您继承会长这一光荣崇高的职务。"

"亲爱的丁铎尔，"法拉第谦恭地婉言谢绝说，"领导皇家学会可不是一件轻而易举的事情。我心直口快，要求又严，还比较固执，实在难以承当这一重任。"

"不，法拉第教授，"丁铎尔推心置腹地说，"我们全力支持您的工作。您是当今世界上最伟大的物理学家、化学家，您出任会长是最合适的。"

"谢谢你们的好意，"法拉第态度坚决地说，"告诉你吧，我是一个平凡的人，而且我决心一辈子当一个平凡的迈克尔·法拉第！"

法拉第晚年，国家准备授予他爵位，但他不肯接受。退休以后，他仍然念念不忘实验室，经常去那里干一些力所能及的杂事。

一天，一个名叫牛登的年轻人被皇家造币厂派到皇家学会实验室做实验。他看到一位穿着破旧衣服的老人正在扫地，很随便地打招呼说："看来你在这儿工作很多年了吧?"

"是的，有年头了。"老人头也不抬地回答说。

"可是看门的一类杂工?"

"对，是这一类。"

"干这活儿挺辛苦，我想他们给你的工钱一定不少吧?"年轻人猜测地问。

"嘿嘿!"老人风趣地笑着说，"再多一点我也用得着呵。"

"那么，老头儿，你叫什么名字?"年轻人很没有礼貌地问。

"迈克尔·法拉第。"老人瞟了一眼牛登，语气非常平静地说。

"啊!"久闻法拉第大名的牛登惊叹地说："原来您就是伟大的法拉第教授!"

"不，"法拉第纠正说，"我是平凡的迈克尔·法拉第!"

5. 天才般的创造力

法拉第的一生，创造出了大量的成果，给后世留下了一笔丰富的财富。他的成功，缘于他不懈的追求和努力，缘于他刻苦的钻研，更缘于他天才般的创造力。对数学并不熟悉的他依靠自己的智慧，依靠自己的想象力，做出了巨大的成就，让我们不得不相信一句格言："创造力是智慧的源泉。"正如巴思克所评价的："法拉第伟大的一生，源于其不竭的探求和无穷无尽的想象力。

法拉第在化学、物理等诸多领域所作的贡献是开天辟地的，正得益于他的发明创造，人类的今天才有了收音机、电视。人类才得以向美好的生活迈进。"

　　另外。法拉第的成功取决于其人格力量，不慕私利，心胸开阔，总是在更为宽广的思维中追求科学的真理。威·希克斯说："在我所崇尚的科学家中，迈克尔·法拉第始终排在第一位。他那伟大的发明成就，高尚的人格，对名利的淡泊无不激荡着我乃至其他人的心灵。法拉第这个名字，连同他的发明创造，都将被历史深深记忆。"这是中肯的评价。

第十五章 现代热力学的始祖：焦耳

1. 能量的发现者

1 焦耳 = 1 瓦特·米 = 1 牛顿·米，不去考虑换算关系，足以说明焦耳同瓦特、牛顿一样伟大。焦耳，1818 年 12 月 24 日生于曼彻斯特。他的父亲是一位酿酒商。焦耳小时未能上学读书，而是跟随父亲学习酿酒，后来他自己也成为酿酒商，他的科学研究活动则主要是业余进行的。焦耳虽然没有受过正规的学校教育，但他对自然科学的兴趣却十分浓厚。他利用一切空闲时间自学物理、化学和数学等，终于成为一位有成就的科学家，被认为是"能量的发现者"。

焦耳青少年时期，正处于曼彻斯特学会的兴盛时期。著名科学家、曼彻斯特大学教授道尔顿是这个学会的重要成员。1835年，焦耳结识了道尔顿，受到他的热情帮助，这对焦耳的科学研究活动产生了重大影响。1840 年起，22 岁的焦尔便开始发表一系列的科学研究论文。他首先发表了四种测定热功当量的方法，发现了焦耳定律。1843 年又写出了《水电解放热》一文，还发表了论述能量守恒的文章。1850 年焦耳被选英国皇家学会会员，后又成为法国科学院院士。1866 年他获得了英国皇家学会柯普利金质奖章。1872 年和 1887 年焦耳两次任英国科学促进协会主席。1889 年 10 月 11 日逝世于塞拉，终年 71 岁。

2. 专注实验

焦耳是一个啤酒酿造商的儿子，受过很少的正式教育，从未被委任过任何学术职务，终生都是一位啤酒酿造商。他是在他父亲在啤酒厂附近建立的一座私人实验室中开始工作的。焦耳是一个十分刻苦的人，年轻时就努力学习化学和物理学。除了参加酿酒劳动外，其余的时间都花在学习和做实验上。

焦耳在长大后仍然十分刻苦勤奋，并致力于探求未知的世界。可以说，他的一生都是在学习和实验中度过的。

3. 能量守恒与转化

蒸汽机的广泛使用提出了一个十分重要的实际问题：怎样才能在机器里消耗尽可能少的燃料而获得尽可能多的功？为了解决这一实际问题，人们开始研究各种能量形式之间的转化关系。

在广泛的工业实践基础上，19 世纪中叶有许多人几乎同时而又各自独立地发现了能量守恒和转化规律，焦耳就是其中的一个。

所谓能量守恒和转化规律，就是说能量既不能消灭，也不能创造，它只能从一种形式转变成另一种形式。譬如，发电站把机械能转化为电能；在工厂、公社和家庭中，这些电能又转化为机械能（机器的转动）、热能（电熨斗、电热器件等）、光能（电灯等）。恩格斯指出：自然界中的各种能，"都是普遍运动的各种表现形式，这些运动形式按照一定的度量关系由一种转变为另一种，因此，当一种形式的量消失时，就有另一种形式的一定的量代之出现，因此，自然界中的一切运动都可以归结为一种形式向另一种形式不断转化的过程。"各种不同形式的能量可以互相转化，并在数量上是既不增加，也不减少，这是人类长期来认识物质及其运动的伟大总结和概括，也是认识史上的革命性飞跃。因此，恩格斯曾把"由热的机械当量的发现（罗伯特·迈尔、焦耳和柯尔丁）所导致的能量转化的证明"列为 19 世纪下半叶自然科学三大发现中的第一项。这里所谓热的机械当量，即热和功这两种能量形式发生转化时的比例数，也称为热功当量。能量守恒和转化定律的发现及其热功当量的测定，深刻地反映了世界的物质性和物质运动的统一性。它对于克服哲学上种种唯心主义，建立辩证唯物主义的世界观是有重大意义的。

焦耳被公认为是发现能量守恒和转换定律的代表人物，他的一系列精密的实验为能量守恒原理提供了可靠的根据。

焦耳深信"能"是不灭的，并可表现为各种不同的形式，同时他竭力从实验上证明确是如此。他系统地测量了可以转化为一定数量热的各种形式的能量，他还提出了热是各种物体中粒子运动的结果，他认为热与机械能是等价的。

焦耳首先研究了电流的热效应。1840年，他测量了电流通过电阻丝的发热情况，在《论伏打电生热》的论文中描述了焦耳效应，楞次也于1842年独立地发现了这一定律，故亦称焦耳一楞次定律。定律指出："电流在一定时间内通过导体时所放出的热量，与导体电阻成正比，与通过导体的电流的平方成正比。"

焦耳当初是信奉热质说的。1843年，他在做完另一实验后，彻底否定了热质说。这个实验是：通过一台发电机封在盛水器里，操作时所消耗的机械功，以水温的升高所产生的热量进行测量。水温的升高是机械能转变为电能，电能又转变为热的结果。这一实验用热质说是无法解释的。此后，焦耳还利用桨轮在水中的旋转搅动方法，直接进行机械能转变为热的实验。焦耳经过多年的反复实验，终于最后证实了热是能量的一种形式。同样，热的传递是能量的一种传递形式。

1843年，焦耳发表了产生单位热量所需功的量值（叫做热功当量），并使用了多种精确度逐步提高的方法来测定这个值，所得的428.9千克力·米/千卡与现在的427千克力·米/千卡十分接近。

焦耳的上述工作，事实上已经总结出了热力学第一定律，即能量守恒定律。

为纪念焦耳的贡献，以他的名字命名了能量的单位，并有1焦耳＝10的7次方尔格＝1瓦特·秒＝1牛顿·米＝1/9.8千克力·米。

4. 迷恋"永动机"

19世纪初叶，"永动机热"又一次席卷整个欧洲。许多人钻进了永动机的迷宫，他们绞尽脑汁，美妙地幻想着制造出一种不需要供给能量而能够永远做功的机器。尽管他们一再碰壁，但仍然执著地迷恋着永动机。

焦耳听说一些人正在寻找永动机以后，立即加入了"永动机迷"的行列，热心地追求着永动机。

"爸爸，我想设计一种机器，它一旦运转起来，就不再消耗能量了。"有一天，焦耳天真地对父亲说。

"这可能吗？詹姆斯。"父亲惊疑地问。

"可能的，爸爸。"焦耳充满信心地回答说，"听说大陆上有人已经设计出来了，还拿出来公开展览呢！"

"唉，你要是真能做出这样一部机器就好喽。"父亲深情地望着焦耳说。

从此，为了寻找永动机，焦耳几乎消磨了他全部的业余时间。他经常通宵达旦地冥思苦想，设计图纸，制作加工零件。经过几个月顽强奋战，焦耳制造出了一部崭新的机器模型。

"爸爸，我已把永动机模型造好了。"焦耳神秘地向父亲报告说。这时候，他的心里甜得像喝了蜜一样。

"好啊，聪明的孩子。"父亲喜悦地说，"快试试看。"

焦耳聚精会神地试了起来。然而，这机器中看不中用。人力使它动作起来以后，只动了几下，就不动了。

"从设计上看，这机器找不出什么毛病，也不知怎么搞的，它就是不会自动做功。"焦耳面对自己花费了心血的机器，百思不解地自言自语。

"莫着急，孩子。"父亲劝慰说，"再好好找找原因。"

"接着，焦耳又搞出了几个改进过的设计，但都以失败告终：看起来十分漂亮的机器，实际上是一堆废物。

不少醉心于追求永动机的人，明明进入了迷宫，还自以为迈进了科学的殿堂，碰了壁也不肯回头，一条道走到黑，最后只落得一声长叹，毫无所获。

焦耳虽然只有10几岁，而且一接触科学，就误入了迷途，但他是一个真正爱科学的聪明人。他从多次失败中总结经验，吸取教训，迷途知返，毅然转向脚踏实地的科学研究，探索隐藏在失败背后的科学真谛。

失败是成功之母。迷途的终点常常就是坦途的起点。迷途知返的焦耳进入青年时代以后，经过几年努力学习，勤奋实践，终于从反面的教训中，找到了热功当量值，并逐渐认识到，能量只能从一种形式转化为另一种形式，而决不能无中生有。

焦耳的发现，等于在寻找永动机的迷宫入口处插上了一块"此路不通"的路牌。为了让后人少走弯路，焦耳成名后还现身说法，语重心长地告诫那些仍在迷恋永动机的人：

"不要永动机，要科学！"

5. 不断思索与工作

　　焦耳的成功在于他不断的探索，不断的思索。从对"永动机"的追求到发现能量守恒定律，与他的坚持与平日的勤奋努力都是分不开的。焦耳是一位勤学的人，也是一位勤于思索的人。他认为：

　　科研就是老老实实的工作。是就是，非就非；一就一，二就二，不能有半点含糊。所有观察、测量、试验、分析等结果和数据，必须如实地记录，不允许有丝毫的不实和伪造。其次，这些结果和数据，无论是属于正面的还是反面的材料，都要拿出来，真实地报告，并用作理论分析、导出结论的依据。否则，作出的科研结果无论多么新颖、动听，都是不可信赖的，经不起检查和考验的。

　　我的一生的乐趣在于不断地去探求未知的那个世界。如果我能够对其有一点点的了解，能够有一点点的成就，那我就非常知足。

第十六章　生物学大师：达尔文

1.　生物进化论的确立者

提起达尔文，我们不由得对他的科学精神而赞叹不已，在他的伟大著作《物种起源》中，我们仿佛看到一个丰富的、变化的物种世界，在这个世界里布满了这位科学巨匠的足迹。

1831 年 9 月的英国的南部海岸，静躺着一个狭长的海湾——普利茅斯湾，海湾内并列两个军港：普利茅斯港和德文港。

港内，四周风景如画。不远处的爱迪斯登灯塔，钟声不绝，铛铛作响，引导着船只进港的方向。

历史将永远铭记这一时刻。伟大的科学家达尔文即将开始其伟大的航行，并将在"贝格尔"军舰掀开人类史上崭新的一页。

贝格尔军舰定于 1831 年 12 月 27 日正式启航，一段历史徐徐拉开。

达尔文 1809 年 2 月 12 日生于英格兰什鲁斯伯里。他出生于一个世代行医的家庭里，是英国著名的生物学家，生物进化论的确立者。

少年时代的达尔文喜爱大自然，常到旷野或沙滩去搜集昆虫、鸟蛋和贝壳等。16岁时进爱丁堡大学学医，他仍花很多时间到野外捕捉动物和采集标本。19岁时进剑桥大学去学神学。当时，达尔文虽然是一个虔诚的教徒，相信物种不变论和神创论，但他对神学课程感到枯燥乏味，仍继续采集大量生物标本，并自学自然科学书籍，结交生物学家和地质学家，跟随他们到野外去实习。

1831年，达尔文乘"贝格尔号"军舰去南美洲海岸和太平洋考察。在航行期间，达尔文历尽千辛万苦，每到一处总要进行认真的考察研究，采访当地的居民。五年中，他登高山，涉溪水，入丛林，过草地，采集动植物标本，挖掘生物化石，发现了大量的新物种，积累了极为丰富的生物学实际知识，为他以后的科学研究打下了牢固的基础。所以达尔文说："贝格尔舰的航行是我一生中极其重要的一件事，它决定了我的整个事业。"回国后，经过二十多年的研究和继续搜集材料，写成了《物种起源》这一巨著，确立了生物进化论，获得了高度的评价。恩格斯认为达尔文的进化论是19世纪自然科学的三大发现之一，他说："这里首先就应当指出达尔文，他极其有力地打击了形而上学自然观，因为他证明了今天的整个有机界，植物和动物，因而也包括人类在内，都是延续了几百万年的发展过程出产物。"

2. 执着的科学大师

达尔文自己说："我一生的兴趣和唯一的工作，就只是科学研究工作；它引起了一种兴奋，使我可以暂时忘却或者完全解除自己日常的不舒适。"

"对我一生最良好的利用，莫过于我能够对于自然科学方面作出一点贡献了。"这是对自己的总结。

怀疑一切，否定一切，当然不是毫无理由的怀疑。达尔文话语不多，喜欢沉思。他敏锐地窥视着自然，有时候甚至危险临头，处在极度的恐惧中，仍能坚持观察和思考。有一次，达尔文在一个古代城堡的城墙上散步，边走边陷入了对生物世界的冥想。他心不在焉地迈动缓慢的脚步，突然一脚踩空，从城垛上跌了下去。目睹他摔下来的人，甚至包括他自己，都以为这一下是摔死无疑了。出乎意料的是，他安然无恙。这场虚惊竟成了达尔文从中悟出科学道理的一次难得的实验。他回忆说："在这场突如其来的、毫无预料到的跌下去的一刹那间，在我头脑中内过念头的数目却是惊人的多。这一切，好像和生理学家们所提出的每个念头需要可观时间的说法，是不相符的。"

达尔文是一个谦虚、纯朴的人，但也是一个勇敢的人。他不畏权势，敢于坚持真理的精神也值得我们尊敬。他始终坚持"怀疑精神"，保持思想自由，从来不随波逐流，这在今天看来也是难能可贵的。达尔文敢于突破，敢于发展，面对斗争坚持观点的气节也将永远为后人敬仰。1872 年，达尔文母校鉴于他对科学的伟大贡献，召开了授予他名誉学位的大会。当达尔文在会上致答词时，竟有人把一只猴子高高举起，让它四脚乱蹬，嗷嗷叫，企图以此污蔑达尔文，扰乱会场。但是达尔文仍然面不改色，义正辞严地把话讲完了。听众的暴风雨般的掌声，又一次大长了进化论者的志气，大灭了保守势力的威风。难怪，有一种达尔文是"执着的科学大师"之说。

3. 独立思考

达尔文认为："作为一个科学家来说，我的成功不管有多大，最主要的是：爱科学——在长期思索任何问题上的无限耐心——在观察和搜集事实上的勤勉——相当的创造能力和科学知识。"

达尔文的脑袋确有与众不同的地方：不仅脑袋形状"特殊"，而且他善于独立思考，喜欢提出问题，从不被长期既定的惯例或传统观念所束缚。

一个科学家应当富有"怀疑精神"，"保持思想自由"。达尔文告诉别人，这是他奉行的治学精神。达尔文的思考能力，从小就崭露头角。

达尔文还是个小孩子的时候，有一回到海边去玩。五颜六色的蛾类、昆虫在那儿飞翔。人们都被广阔的海洋吸引住了，哪里去注意它们。他却翻来复去的想得没个完：哪里来这么多的昆虫？怎么和我在城里看到的昆虫、飞蛾都不一样呢？

年幼的达尔文是如此惊奇。据他说，从此他下决心开始搜集各种昆虫，心里总盘算着它们到底为什么各不相同？

成年后，经过"以格尔舰"长期的考察，经过对自然界艰苦的探索，从 1835 年开始，生物进化的理论在他心中萌芽。

经过了五年的科学考察，他终于抛弃了物种不变论和神造论，初步建立了生物进化论。

"人们都说有个神、上帝的存在，但没有足够的证据说服我，"他思索着，"既然没有证据，自然它们是不存在的东西。"

经过二十多年的科学实践，顽强的探索，他终于在公元 1859 年 11 月 24 出版了《物种起源》，创立进化论，提出生物逐渐发生变异，通过自然选择，适者生存，不断形成新的物种，由此出现生物的演化和发展。

达尔文曾告诉人们，他遵循这样的治学原则：

"一个没有被证实的假说很少有价值，或者根本没有价值；但是，如果此后有人被引导着进行观察，从而确定这种假定，那么我或者已经在这方面提供帮助，因为大量的孤立事实可以被联系在一起，并且成为可以理解的了。"

"我曾坚定地努力保持我的思想的自由，以便一旦事实证明这些假说不符合时，就丢掉我无论多么爱好的假设（而我不能反对每一问题成立一种假设）。诚然，除此以外，我并没有别的方法了。"

4. 美好的自然与亲情

"我正过着很安静的、因此也很幸福的生活，并且慢慢地，但是经常地带着我的工作向前爬去。"这是达尔文对自己的生动概括。达尔文从小时候起，就对大自然充满了好奇心，经常收集许多希奇古怪的东西。

有一次，在池塘的草丛里，达尔文发现一只全身碧蓝的甲虫。他小心翼翼地把它拾起来，放在一个空蜗牛壳里，打算回家再好好欣赏这珍珠一般的"宝贝"。这一天，他还拣了好些贝壳和彩色的石子，把两个衣袋塞得鼓鼓的，到家后，却遭到了父母责骂，只得恋恋不舍地把宝贝扔进了垃圾堆。

父母的斥骂并没有驱散达尔文对自然的迷恋之情，强烈的兴趣已经深种在他的心田。

1839 年 1 月 29 日，达尔文和早就深深地爱上了他，且苦苦地等待了 5 年的小表姐埃玛·韦奇伍德结了婚。才貌双全的埃玛，不愧是一位懂得体贴丈夫、抚育儿女的贤妻良母。她慷慨地把自己的一切都献给了达尔文和他所从事的工作。

婚后，他们有 7 个孩子，5 男 2 女。可达尔文常对友人说："我们有 17 个孩子。"

友人不解地问："开什么玩笑，你哪儿来这么多孩子？"

"这可是千真万确的！"达尔文笑着解释说，"因为一个淘气的男孩要比 3 个女孩更叫人费心。"

达尔文和埃玛的 40 多年心心相印、相敬如宾的夫妻生活，确实构成了一幅他所设想的美丽、和谐的图画。正如达尔文在最后一次公开演说中歌颂的：埃玛是一位"高尚无私"的女子，"她是世界上最好、最善良的妻子。她的价值比等于她体重的黄金还要宝贵！"

5. 考虑、忍耐和勤奋

赫胥黎是这样评价达尔文的："世界上再没有一个比达尔文奋斗得更有效果的人，也没有一个比他更为幸运的人。他找出一个伟大的真理来，这真理一向被人践踏在脚下，一向为固执拘泥的人所咒骂，一向为全世界的人所取笑，只有他去把它发现出来。他的寿命又恰恰足够使他目睹他所发现的真理，大部分依靠着他自己的努力，使他发现的学说立足于科学之上，又紧紧联结于人们寻求答案的问题，使得那些咒骂他的人只能在心里憎恨、又畏惧他。"

考虑，忍耐和勤奋是一个科学家必备的素质。达尔文和任何一个著名的科学家一样，从来不随波逐流，对前人亦步亦趋；也决不允许自己抱着已有的答案和固定不变的观念不放。他从不被老师、权威束缚住自己的手脚，而是永无止境地思考，在思考中点燃着闪光的思想火花（新的观点、新的问题），推动自己去探索，敢于突破，敢于发展，不断地从新的事实中开创新的学说。这使他保持不断前进的活力，能够"青出于蓝而胜于蓝"，走前人没有走的路，做前人没有做的事，成为 19 世纪的科学巨人。

对此，达尔文自己也说过：

根据我所能作出的判断，作为一个科学家，我的成功，不管它有多大，是取决于种种复杂的思想品质和条件的。其中最为重要的是：热爱科学；在长期思考任何问题方面，有无限的耐心；在观察和收集事实资料方面，勤奋努力；还有相当好的创造发明本领和合理的想法。确实使人惊异的是：像我所具有的这些中等水平的本领，竟会在某些问题上，对科学家们的信念，起了相当重要的影响。

我既没有极其敏捷的理解力，也没有机智，有几位聪明的人士，例如赫胥黎，就怀有这些优良的品质。因此，我只是一个很差的评论家，我在初次阅读任何一篇论文或者一本图书时，通常总是对它发生赞美，但是在继续作了一番思考以后，马上就会看出它的缺点来。要我遵循一条冗长的抽象思想路线——这种本领，对我是有限度的；因此，我在形而上学和数学方面，从来没有获得什么成就。我的记忆力，范围广博，但是模糊不清。如果有人不明确地向我指出，我已经观察到或阅读到某种事实，它与我所作出的结论是发生矛盾的，或者相反地是符合于我的结论的，那么，这就足够引起我的注意；而且过了一段时间，我通常能够回想到，应该从哪里去找出自己的根据来。我的记忆力在某一方面极差，任何一个日期，或者一行诗句，过不了几天，就会使我忘记个干净。

另一方面，我以为对我有利的一种情况，就在于：我具有比一般水平的人更高的本领，能够看出那些容易被人忽略的事物，并且对它们作细致的观察。我在观察和收集事实方面，勤奋努力，真是无以复加的了。尤其重要的是：我热爱自然科学，始终坚定不移，旺盛不衰。可是，我却怀有一种虚荣心，想要博得我的同道自然科学家们的尊敬；这种虚荣心，也就强烈地促进了我对自然科学单纯的热爱。我从少年初期开始，就抱有极其强烈的愿望，想去了解或说明自己观察得到的事物，也就是说，想把一切事物去分门别类，归纳到某些一般的法则中去。所有这些错综复杂的因果关系，曾经培养出我的一种耐心，使我能够在任何悠长的岁月中，对任何一个悬而未决的问题，进行顽强的思考或深思。根据我所能作出的判断，我对于别人的指示，并不轻易听信，盲目遵从。我始终不变地努力保持自己思想的自由，其范围可使我在一见到事实明显地相反于我深爱的任何假说时，马上就放弃这个假说（而且我对于每个专题，总是忍不住想要建立一个假说）。的确，我只能照此办法去行动，别无其他途径可以选择，因为我记得，凡是我初次建立的假说，在经过了一段时间以后，总是使我不得不放弃，或者作了重大的修正，只有《珊瑚礁》一书中的假说是个例外。这种情形，自然而然地引起了我对混合性科学中的演绎推理方法，极不信任。另一方面，我并不抱有很大的怀疑态度：我认为，我这种思想方式，对于科学的进步有害。

　　达尔文的成功说明任何科学工作都是经过长期的考虑、忍耐和勤奋得来的。

　　达尔文结束了上帝七天造就世上万物和人类的神话。物竞天择、适者生存的进化机制成为科学历程中伟大成就之一。达尔文逝世后，人们为了纪念他，把他安葬在牛顿墓旁。

　　达尔文不仅给我们留下进化论、人类学和地质科学的硕果，还把他成功的道路贡献给我们，为我们攀登科学高峰提供了借鉴。

第十七章　"科学的清教徒"：诺贝尔

1. "背着炸药的科学家"

如果你在大街上随便找一个人，问他："现在世界上最有名的奖金是什么奖？"那么他肯定会回答："诺贝尔奖。"的确，诺贝尔奖自从其设立以来，就成为世界上首屈一指的奖励基金。"诺贝尔"这个名字也随之蜚声四海，妇孺皆知。

艾尔弗雷德·诺贝尔是瑞典科学家，1833 年 10 月 21 日生于斯德哥尔摩，1896 年 12 月 10 日殁于意大利圣雷莫。

诺贝尔出生时，他父亲出家业已破产，家庭境况开始衰落。少年时随全家迁居俄国圣彼得堡，十七岁时读完了化工专业，1850 年左右，他以工程师的身份出国游学，在美国参观旅行一年，后经俄国返回瑞典。这时，他对甘油炸药发生了兴趣，便同他父亲一起进行研究。在发明了"硝化甘油"后，为了使它能安全应用于生产，诺贝尔携带样品到欧洲各地寻求能接受他进行试验的地方，均遭拒绝。最后才得到法国拿破仑三世的支持，于是诺贝尔父子就在拿破仑三世资助的一个试验所里进行实验，曾多次发生爆炸事故。在 1867 年 9 月 3 日发生的一次大爆炸中，工厂完全被炸毁，诺贝尔的弟弟和许多工人被炸死，诺贝尔本人也被炸伤，造成轰动一时的"海伦波事件"，引起一些人的极大恐惧和强烈反对。但诺贝尔仍然顽强地进行试验，终于在这年发明了"诺贝尔安全炸药"，可安全地使用于生产。以后，诺贝尔又于 1875 年将"安全炸药"改良成"炸胶"，在 1887 年制成了"无烟炸药"。因此有人说"诺贝尔是背着炸药的科学家"。他在研究炸药的同时，还制造了雷汞的信管，这一发明和炸药的发明具有同等的意义。

2. 孤寂者的身影

曾有人这样描述过诺贝尔：

"他是一位踏着短小而坚定的脚步，为了达到明确目标而匆忙奔走的人；一位低于中等身材、略微驼背的活跃而又严肃的矮个子的人。他有着高大的脑门，蓄着整齐的黑中带有灰纹的短胡子，挂在他那苍白面孔上的胡子，更多地表现出他的性格，而不单是好看。在他的脸上充满着紧张和忧虑的表情，但又被他那双在浓眉下慈祥闪烁的蓝色眼睛变得柔和了些。当他的近视眼需要的时候，他就将系着一条黑带儿的夹鼻眼镜夹在高凸的鼻梁上。他的修饰非常好，他的服装式样不是最新的，但却像他周围的一切东西那样，总是保持着简单、适用和高质量的传统。没有任何一样东西能够表现出他是一位大名鼎鼎或者非常有钱的人，乍一看来，很多生人还会把他当成一个迟钝、阴郁和无足轻重的人。

他几乎是倔强地回避大批吵嚷的人群，但当与可靠的朋友和同事们在一起时，他又完全是另外一个人，表现轻松，善于倾听别人的意见，对所有人都彬彬有礼，并且不分朋友们社会地位的贵贱。人们喜爱他，是因为他不摆架子，但却不能不注意到他有一束紧张的神经，必须通过约束自己的办法来防止触犯他。"

但也有着另外的一个诺贝尔，即被逆境伤害和多病折磨的诺贝尔；他曾把自己说成是"一个无用的思考工具，以任何人都想象不到的沉重思想，孤零零地漂泊于世"。

他经常患心绞痛，呼吸困难，头痛严重，然后就引起反复无常、坐立不安和严厉尖刻等现象。有时感到无家可归，他就消失几天或几周，谁也不知道他到哪里去了。当病魔打击过去后，如果他不是带着少而精的行李跑到阿迪尔、汉堡或者维也纳，就会很快看到他戴着一副墨镜，头上缠着一块压定布，充满了忧郁和厌恶自己与生活的情绪，回到他那座实验室禁地。他没有休息的能力，不用多久，他的那位有耐心的助手弗伦巴克，就会听到他那些最奇异的计划，而且不管是白天吃饭或晚上睡觉的时间，都必须刻不容缓地开始执行。在这种情况下，诺贝尔通过紧张的工作，使疼痛和忧虑消失；这些工作包括试验、写信，间或写一些小的文学作品，有时还将草稿写在实验日记簿上。起草一些小的文学作品，特别是当他处于忧虑而不是生病的时候，就更加司空见惯。

诺贝尔一生坚持规定的饮食，既不抽烟，也不喝酒，并且不玩牌或赌钱。他什么乐器都不会玩；也从不跳舞。同他的哥哥们一样，他对音乐没有欣赏兴趣。然而，他十分喜欢文学，从少年直到老年，文学一直是他最好的朋友，在他遭受痛苦与煎熬的时候，他往往会进行文学创作以排解忧闷。这是一个唯科学至上的孤寂者的身影！

3. 诺贝尔奖的意义

诺贝尔思考问题往往更注重长远，而不是仅看眼前的蝇头小利。诺贝尔曾说过他最憎恨的便是钱。而科学事业最需要这种有高尚品质的人。他 18 岁就同父亲一起经营工厂，发明并制造火药，被人们称之为"火药界的恩人"。此外，还发明了煤气表、人造橡胶、人造皮革和制造人造纤维的喷射机等，一生共获 350 多项技术发明专利权，由此积累了数额巨大的财富。他用这些钱设立了诺贝尔奖基金。他的遗嘱是：

"我——签名人艾尔弗雷德·伯哈德·诺贝尔，经过郑重的考虑后特此宣布，下文是关于处理我死后所留下的财产的遗嘱：

在此我要求遗嘱执行人以如下方式处置我可以兑换的剩余财产：将上述财产兑换成现金，然后进行安全可靠的投资；以这份资金成立一个基金会，将基金所产生的利息每年奖给在前一年中为人类作出杰出贡献的人。将此利息划分为五等份，分配如下：一份奖；给在物理界有最重大的发现或发明的人；一份奖给在化学上有最重大的发现或改进的人；一份奖给在医学和生理学界有最重大的发现的人；一份奖给在文学界创作出具有理想倾向的最佳作品的人；最后一份奖给为促进民族团结友好、取消或裁减常备军队以及为和平会议的组织和宣传尽到最大努力或作出最大贡献的人。物理奖和化学奖由斯德哥尔摩瑞典科学院颁发；医学和生理学奖由斯德哥尔摩卡罗琳医学院颁发；文学奖由斯德哥尔摩文学院颁发；和平奖由挪威议会选举产生的五人委员会颁发。对于获奖候选人的国籍不予任何考虑，也就是说，不管他或她是不是斯堪的纳维亚人，谁最符合条件谁就应该获得资金。我在此声明，这样授予资金是我的迫切愿望。

这是我唯一有效的遗嘱。在我死后，若发现以前任何有关财产处置的遗嘱，一概作废。"

诺贝尔奖金现共有六种，其中自然科学方面的奖金有三种：物理学、化学、医学或生理学；另外三种为文学、和平事业、经济学。颁发各类奖金的机构是：瑞典皇家科学院负责颁发物理和化学奖；斯德哥尔摩卡罗林斯卡研究院颁发医学或生理学奖；瑞典文学院颁发文学奖；挪威国会颁发和平奖。每个授奖单位都设有一个诺贝尔奖金委员会负责评选工作。1968 年，瑞典国家银行为纪念诺贝尔而增设了经济学奖，委托瑞典皇家科学院颁发。自1901 年起，每年颁发诺贝尔奖金（中间曾间断停发过几年），授奖仪式是每年 12 月 10 日（诺贝尔逝世纪念日）分别在斯德哥尔摩市音乐厅和奥斯陆大学隆重举行，在瑞典由国王亲自颁发。内容包括一枚金质奖章、奖金和奖状，诺贝尔基金委员会每年根据利息高低和汇率的变动来提取奖金。

4. 折磨的人生与出路

1863 年夏天，诺贝尔按照他父亲的意思对各种成分不同的配料反复试验，尽管每种配料他只要试验一次就知道是徒劳，但还是继续试验，直到老人感到厌倦为止。这时候他才重搞自己的实验。

就在这时候，他的小兄弟奥斯卡·埃米尔作出了重要的贡献。他发现颗料状炸药为硝化甘油所渗透会产生更强的爆炸力。艾尔弗雷德通过实验对混合比作了许多变动，又对以前的方法反其道而行之，将黑色炸药装在玻璃管里，放进盛着硝化甘油的罐子。他要做到自认为有把握进行公开试验为止。

他克服种种障碍，以坚忍不拔的精神继续工作。连他的哥哥罗伯特都从芬兰来信劝他停止试验：

"及早停止，不要再搞这项发明了，否则你迟早会失望的。你有广博的知识和非凡的才智，应该把精力转到更为严肃的课题上去。如果我有你的知识和才能，即使在这倒霉的芬兰我也能展翅高飞。"

不久，罗伯特也来到斯德哥尔摩，想找一个好事业的机会（他在芬兰推销新灯盏的业务每况愈下），因此得有机会目睹艾尔弗雷德的最新实验。由于这次用的材料不同，试验开始时空气比往常更为紧张。艾尔弗雷德点着了引信，等他燃烧了一会儿，才把这"魔盒"扔出去，但是没有爆炸。大家空紧张一阵子，父亲不禁放声大笑。罗伯特想到在精心准备之后到头来闹了一场空，也不禁失笑。只有奥斯卡·埃米尔神情严肃，站在一旁一言不发，黑眼珠熠熠放光。

艾尔弗雷德再也忘不了他父亲幸灾乐祸的笑声。他对待科学技术问题一向谦虚谨慎，不论是假设或结果总是一再检验核实，在这个领域里弄虚作假不仅不道德，而且是一种亵渎行为。父亲的恶意嘲笑伤了他的心，他为此一直耿耿于怀。即使事过十年，在一次关系到他在美国的专利权的裁断中，他作证道：

"我经历过许多次失败，乃至亲眼看到这些失败的父亲和哥哥都嘲笑我的固执。"

他再次检查他的设计，看不出有什么毛病。他又做了一次试验，同样失败。同样的材料，在水里能爆炸，为什么在地面上却泄了气，变成哑巴？他反复思索，终于得到答案，这是由于火药封得不严，因此连玻璃管都没能炸开。艾尔弗雷德于是用封漆密封管子两端，然后奔出去，点着引信，再把罐子扔出去。这一次它爆炸了。接着他反复表演了几次，每次都成功。

5. 抵抗挫折

挫折并不可怕，可怕的是在挫折面前倒下。诺贝尔是一个意志顽强的人，作为一种完全是新的和不寻常的领域里的一名开创者，他遇到了多种多样的挫折和失望。坚毅勤勉和不停息的活动，是他克服逆境的手段。他有一种超脱于贪婪和爱财的雄心壮志，他有着科学家的锐利的眼睛和对于事物的自然怀疑，他还注意与他人合作，他是一个交友热情的人。在他经营诺贝尔公司期间，他给予了工人良好的工作条件和优厚的报酬。19 世纪的七八十年代，诺贝尔公司的工资和劳动条件非常优越，很多年轻人常把他们的名字登记在招工的候补名册上。这样做使他的公司蒸蒸日上，日渐闻名，最终发展成为世界规模的跨国公司。现在，在世界的每一个角落，都会有诺贝尔公司存在，这一切都是诺贝尔，这个意志顽强的科学家的功劳。

另外，诺贝尔的心目中始终有一个和平之梦和奉献之爱，这也是他作为科学家的人格和品德之所在。他说：

一、不言而喻，我并不是为了制造武器才去发明炸药的。但是，当它被用于武器上时，它始终是强有力的防御武器，有了它，对方就难以进攻，这就是我的想法。所以，我真正的心情是希望炸药能为捍卫和平发挥作用。

二、普及教育就是普及繁荣，我的人生快要迈向终点了，自己豁出一切，一直从事的研究工作取得了成果，事业规模也达到了如此可观的程度；可以说，我的"妻子"是研究，而我的"孩子"就是发明；即使我的肉体从这个世界消失了，我仍然想为人类的和平与幸福作一些有意义的事情，为此，即使奉献出我全部财产也在所不辞。

有容乃大，斯为真言！

第十八章　现代化学的立法者：门捷列夫

1. 俄国科学家的门神

物质世界是可以看见的，但其神秘性往往表现在其组成元素的结构。门捷列夫则在这个方面做出了划时代的贡献，研究出元素周期表。正因为这项工作的重要影响和深远意义，门捷列夫被称为"俄国科学的门神"！

门捷列夫于 1834 年 2 月 7 日诞生在俄国西伯利亚的托波尔斯克市。他父亲是个中学教员，因患重病很早就去世了。他从小热爱劳动，并认为只有劳动才能使人得到快乐、美满的生活。他特别喜爱大自然，曾同他的中学教师一起作长途旅行，搜集了不少岩石、花卉和昆虫标本。他的学习热情很高，又注重从实践中学习，因此他的学习成绩一直是很好的。中学毕业后，因他不是出身于豪门贵族，又来自边远的穷乡僻壤的西伯利亚，莫斯科和彼得堡一些名牌大学都拒绝他入学，费了九牛二虎之力，才被安排进圣彼得堡师范学院。他后来在法国师从亨利·勒尼奥，也在海德堡跟罗伯特·本生和古斯塔夫·基尔霍夫学习过。

羁留国外期间门捷列夫参加了 1860 年卡尔斯鲁厄会议，这次会议尽了很大努力来解决原子量的问题。不久他返回俄国，在短时期内完成了博士论文，写了一本教科书并结了婚。1866 年他被挑选担任圣彼得堡大学的化学教授，在该校任教直至 1890 年退休。他的教科书《化学原理》在 1868 至 1870 年间出版。

1890 年，他因参加学生集会，反对沙皇俄国在大学里搞警察制度，遭到侮辱性的打击，遂提出辞呈，离开了他为之辛勤工作了三十多年的彼得堡大学。在此后的二十年中，门捷列夫继续探索完善着元素周期表，直至 1909 年 2 月 2 日逝世于圣彼得堡。

2. 探究科学的热情与风度

科学家的身上往往有许多迥异于常人的地方。门捷列夫是那种执著热情，不修边幅的人，他对于科学的热忱一如伏尔加河河水一样滔滔不绝。俄罗斯民族是一个强悍上进的民族，这一性格也存在于门捷列夫身上。正是因为有着强烈的上进心，才使他最终发现了元素内部的奥秘。同时门捷列夫很不注意修饰自己的外表，这大概是科学家的一个"通病"。在 19 世纪末门捷列夫的一张标准照中，他的发型活像一只大热狗。

门捷列夫的兴趣除了科学之外，就属桥牌了。门捷列夫认为桥牌可以锻炼人的智慧，培养人团结协作的精神。并且门捷列夫最终从"扑克牌"中"发现"了元素周期表，这不能说是一次偶然事件。

此外门捷列夫也喜欢棋类，这大概便是他为什么能"闭门造车"而获得巨大成就的一个原因吧。

3. 善于总结

高超的抽象思维能力是进行科学研究的基础。门捷列夫是一位非常善于总结并发现规律的科学家，在 19 世纪人们对原子世界了解不多的时候，便创制成功元素周期表，这是一件非常了不起的事情。可以说，这与门捷列夫高超的抽象思维能力是分不开的。1869 年，门捷列夫发表了他的经典论文《论元素的性质和它的原子量的关系》，从而奠定了现代化学的基础。这几乎是他一生中唯一的重大成就，但却是一项让他永垂史册的成就。

4. "玩"出来的元素周期表

1868 年，门捷列夫开始按自己的计划写作《化学原理》一书，就是在该书的编写过程中，他发现了元素周期律。

每天清晨，速记员尼基金到门捷列夫的书房，他们立即投入了《化学原理》一书的写作。门捷列夫打开前一天夜里做了笔记的本子开始口述。当尼基金把他的口述整理成文时，门捷列夫就继续进行他的思考和书的编排工作，他准备在书的第二部分详细介绍各种化学元素，可是他遇到了困难。该从何入手呢？如何系统地描述元素及其化合物的性质呢？各个元素之间有怎样的内在联系？该如何去排列它们？按什么次序、以什么为根据呢？

门捷列夫为了《化学原理》一书的编写收集了很多资料，可是，资料看得越多，他就越是感觉到混乱，感觉到理不出个头绪来。他为此苦苦地思索着，彻夜不眠。他的才学和他的远见卓识使他认识到，无机化学之所以这样混乱，原因不是别的，是因为人们还没有找到化学元素之间的内在规律。为了使这些知识不再杂乱无章，门捷列夫下决心探索元素之间的规律。他多方收集资料，包括前人的研究成果，从德贝莱纳的"三元素组"到纽兰兹的"八音律"，他都做了认真的分析比较，总结他们的可取之处。门捷列夫在晚年承认："现在想回起来，尚古多、纽兰兹等人在通往周期律的大道上走在最前列。"

创造是令人激动的，创造的过程更加惊心动魄。

"安东，"门捷列夫叫来了仆人："到实验室去找几张厚纸，把它们连筐一起拿来。"

安东走出去，莫名其妙。

"帮我把它剪开。"门捷列夫在纸上打了很多方格子，然后动手剪着厚纸。"所有的卡片都要像扑克牌的纸一样大小，我要在上面写字。"

安东边剪着，边用不解的眼神看着主人。

一堆整整齐齐的卡片做好了。门捷列夫在书桌前一直工作到深夜。他细心地把每种元素的各种性质，包括元素名称、符号、原子量、颜色、比重、比合价、化合物的化学式及主要特性等等都写在一张卡片上，就像扑克牌一样。时间在静静地流逝，好像它也不愿打扰工作着的科学家：筐里逐渐装满了字迹清楚的卡片。准备工作就绪了，但是，怎么安排它们呢？

门捷列夫是道尔顿原子论的捍卫者，他同其他许多研究过元素的科学家不同，他坚信元素的原子量能够最准确地反映出元素之间的联系。元素的特性以及它和其他元素之间的差别都决定于原子量。

在开始排列各种元素的时候，他并没有意识到这一点。他曾经按元素的颜色和比重来排列它们，但很快他发现这种排列方法是肤浅的，未触到实质。他否定了自己，继续寻找别的方法。后来，他从德贝莱纳的"三元素组"中得到了启发。虽然德贝莱纳的"三元素组"只包括了 15 种元素，但是这种排列方法提示了门捷列夫。他在逝世前不久曾说过："我不由自主地产生了这种想法，就是质量与化学元素之间应该是有联系的，因为物质的质量，虽然不是绝对的质量，而仅仅是相对的质量，归根到底都表现为原子的形式，那么就必须探索一下元素的个体性质和它们的原子量之间的功能的一致性。"通过努力他终于找到了金钥匙。

一天，门捷列夫的好友，彼得堡大学地质学教授依诺斯特兰采夫来拜访他。

"您在忙什么呀？"依诺斯特兰采夫见门捷列夫手里拿着扑克牌的卡片，神情有些郁闷地站在书桌旁边，于是就问他："在玩牌吗？"

别人在玩扑克牌的时候，或是兴高采烈，或是漫不经心，可是没有人会家门捷列夫这样煞费苦心、绞尽脑汁的！

门捷列夫向依诺斯特兰采夫说起了他的工作，最后，他有点沉痛地补充道："一切都已经想好了，可还是不能制成表。"

一张小小的卡片在门捷列夫手里就好像一块铁板一样沉重，他每拿起或放下一张卡片都像要费很大的力气。他像德贝莱纳那样把卡片按元素的原子量大小分成三组排列起来，可是毫无结果。

门捷列夫打乱了这种排法，重新按原子量大小把卡片排成一行，在这一行元素排成的队伍中，除了铍以外，其他元素的确排得很有规律；随着原子量一个比一个增大，化合价从 +1 逐渐增大，然后又回到 +1；元素的性质也是从强金属性逐渐向非金属性过渡，从面形成了一个周期性的变化。可惜铍破坏了这个次序，从化合价来讲，在 +4 和 +5 之中都插入了一个 +3，看上去总让人感到很别扭，不那么完美。是铍不应该在这个位置上呢？还是元素之间并没有随原子量递增而出现性质递变的规律呢？

在 19 世纪中期，元素原子量的数值等于该元素的当量数乘以该元素的化合价。元素的当量是比较容易准确测定的，可是由于当时的实验技术水平所限，元素的化合价很难确定。拿铍来说吧，它的当量是 4.5，当时化学界公认的化合价是 +3，所以它的原子量是：

$$4.5 \times 3 = 13.5$$

可是又有人指出，铍的某些性质同镁类似，但这一点好像被大家忽视了。

然而，门捷列夫并没有忽视这一点。相反，他死死抓住这一点不放。他发现，如果认为铍和镁是同类元素，它的化合价就是 +2，那么它的原子量就是 9。门捷列夫俯下身子，全神贯注，他试着把铍按照新的原子量重新排放在它应该在的位置……找到了！就在这儿，锂和硼之间！一向沉着的门捷列夫不禁大声喊了出来："真是好极了！"经他这么一排，无论从原子量的变化来看，还是从化合价的变化来看，或是从元素的金属性到非金属性的递变情形来看，都是完全合适的。门捷列夫的双手由于激动而不住颤抖着："这就是说，元素的性质与原子量之间有周期性的关系。"他兴奋地在屋里踱来踱去，然后，抓起一支笔在纸的一角写道："根据元素的原子量及其化学近似性试排的元素表。"这一天是 1869 年 2 月 17 日，一个辉煌的日子。

门捷列夫连续作战，他继续玩他的"扑克"游戏。但却碰到了一个最大的难题，该如何解决它呢？为此，门捷列夫坐卧不安，一个劲地吸着烟斗，紧张地思考着解答的方法。想着想着，他突然醒悟过来："对了！对了！这当中还少一个元素，一个没有被人发现的元素！它应该位于钙和钛之间，应该是一个 +3 价的金属，它的原子量应该是 45 左右。"他飞快地拿出一张空白卡片，记下了这个未知元素的几个重要数据。这个判断在化学史上是破天荒第一次，人类肯定地预测出元素的原子量，为人们"有计划地"发现未知元素开创了一个新纪元。当他把这张未知元素的卡片放进方阵里以后，元素的队伍又显得序列整齐了，门捷列夫这才长长地舒了一口气。他把这个未知元素叫做"类硼"，后来，他又预言了另外两个未知的元素，并且较详尽地描述了他称之为"类铝"和"类硅"元素的各种性质。若干年后，这三种未知元素被发现了，它们的性质恰恰证实了门捷列夫的预言，人们这才无可置疑地接受了门捷列夫的元素周期律和元素周期表。

改动铍的位置和改正它的原子量使门捷列夫产生这样一个想法：在当时已经发现的 63 种元素里，会不会还有测错原子量的情况呢？如何把测错的元素找出来并加以纠正呢？这一次，门捷列夫很快就想出了一个好主意。他认为，凡是原子量有错误的元素会出现在它不恰当的位置上，只要根据它的其他性质把它放回到它应该在的位置上，正确的原子量就会大致清楚了。

例如铟（In）这个元素，当时化学界公认的原子量是 76，门捷列夫最初把它排在原子量为 75 的砷和原子量为 79 的硒中间，但是铟的化学性质与砷、硒既没有相似之处，也没有递变的趋势，铟在这个位置上显然是不合适的。在后来的研究中，门捷列夫根据铟的化合价和金属性的强弱，认为它应该归在硼这一族里，而且应该在第五周期的镉和锡之间。同时，他又亲自做了大量的实验证实了这一改动。

门捷列夫是一个精益求精，崇尚完美的人。通过辛勤的劳动，他前后一共修正了近 10 种元素的原子量，对另外几种元素提出了重新测定原子量的建议。他预言了 6 种尚未发现的元素，并对"类硼"、"类铝"和"类硅"这 3 种未知元素作了较详细的描述。功夫不负苦心人，1869 年 3 月，在俄国物理化学学会例会上门捷列夫提交了关于周期律的第一篇经典论文《关于元素原子量与性质间的关系》。在论文中，他公开了他的元素周期表。这个周期表包括了当时所有已知的元素。

在《关于元素的原子量与性质间的关系》这篇文章中，门捷列夫指出：（1）"按照原子量大小排列起来的元素，在性质上呈现出明显的周期性。"（2）"原子量的大小决定元素的特征，正像质点的大小决定复杂物质的性质一样。"

（3）"应该预料到许多未知单质的发现，例如预料类似铝和硅的原子量位于 65 到 75 之间的元素。""某些新元素将按它们的原子量的大小而被发现。"

（4）"当我们知道了某元素的同类元素之后，有时可以修正元素的原子量。"这就是元素周期律的最初内容。

1871 年初，在俄国物理化学会的刊物上，门捷列夫发表了他的第二篇经典论文《化学元素的周期依赖性》。这篇文章对化学元素的自然分类研究得更为详尽和透彻，并果断地修正了 1869 年的元素周期表。例如：两年前的周期表中，性质类似的各族是横排，周期则是竖排。而 1871 年的表中，类似元素的各族是竖排，周期是横排。1869 年的周期表上元素分成了 19 个族，1871 年的表中将其减为 8 个族，同时他又为各族元素设了副族。这样一来，元素周期表中，各族元素化学性质的周期性变化更为清晰，它和现在我们见到的周期表相差无几了。同时，在后一表中，他留下了 16 个空格，并预言了 5 种超铀元素的存在。门捷列夫认为 1871 年这篇论文是"我对元素周期性的观点和见解最好的总结，也是我获得主要科学声望的原因"。

元素周期律的发现揭示了元素由量变到质变的过程。门捷列夫用他的"智慧"和"良心"，为科学事业作出了不可磨灭的贡献。

5. 掌握材料与坚持工作

"门捷列夫不自觉地应用黑格尔的量转化为质的规律，完成了科学上的一个勋业，这个勋业可以和勒维烈计算尚未知道的行星海王星的轨道的勋业居于同等地位。"这是恩格斯对门捷列夫的评价。

门捷列夫是那种善于从表面现象发现内在规律的人，他有着超乎常人的洞察力，并有很强的思维能力，因此在关乎大量原子数据的问题上，他可以从中理出规律。

此外，门捷列夫也是一个沉迷于科学的人，据说他研究化学周期表期间，曾经一个月未洗过脸，未刷过牙，可见其用心之深。

众所周知，门捷列夫的科学思想非常博大，他对于年轻人的科学忠告是：

（1）我认为试验是唯一可靠的方法。我们认为自然界规律的那些已由经验和实践考验过的知识是具有客观真理意义的确实知识，世界上没有不可认识之物，而只是现在尚未认识，但将来却会由科学和实践力量揭示和认识。

（2）科学的大厦不仅需要材料，而且还需要计划、需要协调；修建科学大厦不仅需要准备材料的工作，而且还需要砌筑这些材料、部分协调一致。

（3）不存妄念，坚持工作，决不徒仗空言，应当耐心地探索神圣而科学的真理。

（4）天才是什么？那就是终生不倦地纯朴地劳动。

（5）没有周期律，我们既不能预见未知元素的性质，甚至也无法确定有没有缺席的元素或称未被发现的元素。元素的发现曾经只是观察的结果。周期律在这方面开辟了一条新的道路。

（6）科学的力量在于无数的事实中，而科学的目的在于概括这些事实，并把它们提高到原理的高度。

（7）科学在开始就像架桥一样，它能建成所依靠的是不多的深桥墩和长梁。我但愿通过化学基础的叙述指明，科学很早已经能够像联结桥梁一样建成了。它总起来是靠着好好地加固每一根容易扯断的细巧的连线，并且用这种方法通过了被认为是不可逾越的悬崖深谷。

第十九章　发明大王：爱迪生

1. 发明者的骄傲

1931 年 10 月 21 日傍晚，太平洋时间晚上 6 点 59 分，全世界各城市的电灯和用电的设备几乎都停止了。芝加哥、加利弗尼亚、丹佛、纽约，整个密西西比河流域一片黑暗。纽约百老汇一片黑暗，世界一片黑暗。人们以此表达对爱迪生的哀悼。

没有爱迪生，世界将会怎样？恐怕没有人敢去认真想这个问题。这位美国乃至世界上最伟大的发明家——爱迪生在电灯、留声机等方面的共约 2000 项发明创造，为人类的文明之塔缀上了一串串璀璨的明珠。他被称为"发明大王"。

爱迪生于 1847 年 2 月 11 日诞生于美国中西部的俄亥俄州的米兰小市镇。父亲是荷兰人的后裔，母亲曾当过小教师，是苏格兰人的后裔。爱迪生 7 岁时，父亲经营屋瓦生意亏本，将全家搬到密歇根州休伦北郊的格拉蒂奥特堡定居下来。搬到这里不久，爱迪生就患了猩红热，病了很长时间，人们认为这种疾病是造成他耳聋的原因。

或许是由于耳聋的缘故，爱迪生被当作智力迟钝的学生而开除出学校，在家里由他的母亲教他。7 岁起他住在密执安州的休伦港。他从 12 岁时开始，大部分时间均在休伦港与底特律之间的铁路上出售糖果、报纸挣点钱。然而他也迷上了电报体系，设计他自己的实验与自己练习发电报。他成了一名非正式的电报工，常在旅程中阅读和做实验。

1869 年 6 月初，他来到纽约寻找工作。当他在一家经纪人办公室等候召见时，一台电报机坏了。爱迪生是那里唯一的一个能修好电报机的人，于是他谋得了一个比他预期更好的工作。10 月他与波普一起成立一个"波普——爱迪生公司"，专门经营电气工程的科学仪器。在这里，他发明了"爱迪生普用印刷机"。他把这台印刷机献给华尔街一家大公司的经理，本想索价 5000 美元，但又缺乏勇气说出口来。于是他让经理给个价钱，而经理给了 4 万美元。

爱迪生用这笔钱在新泽西州纽瓦克市的沃德街建了一座工厂，专门制造各种电气机械。他通宵达旦地工作。他培养出许多能干的助手，同时，也巧遇了勤快的玛丽——他未来的第一个新娘。在纽瓦克，他做出了诸如蜡纸、油印机等的发明，从 1872 至 1875 年，爱迪生先后发明了二重、四重电报机，还协助别人搞成了世界上第一架英文打字机。

爱迪生在西方联合电报公司工作的一段时期享有高薪，然而他却放弃了这一工作，在新泽西州的门罗公园建立了他自己的实验室。他为该实验室修复大量的科学设备，价值 4 万美元，并扩充了图书馆。他雇用了 20 名科技人员，后来又请来一位数学物理学家。该实验室是大学以外的第一家有组织的研究中心，有许多发明创造。1877 年在爱迪生发明了留声机以后，他成了国际上的名人。1878 年参观了一个刺眼的电弧光灯展览后，他宣称他将发明一种柔和的、价廉的、可供选择的灯，这种灯能取代煤气灯。由于他过去在事业上的成功，他得以在管理上增加这项投资，同时也建立了爱迪生电灯公司，他为寻找一种灯丝材料足足花费了 14 个月的时间，终于在 1879 年 10 月 21 日，爱迪生点燃了第一盏真正有广泛实用价值的电灯。为了延长灯丝的寿命，他又重新试验，大约试用了 6000 多种纤维材料，才找到了新的发光体——日本竹丝，可持续 1000 多小时，达到了耐用的目的。从某一方面来说，这一发明是爱迪生一生中达到的登峰造极的成就。

爱迪生提出并采用了直流三线系统，制成了当时容量最大的发电机，并于 1882 年利用该发电机建成了第一座大型发电厂，1883 年他发现了热电子发射现象，称为"爱迪生效应"。他还发明了铁镍蓄电池，改进了电话，制成了第一部使用 35 毫米赛璐珞胶卷的电影。此外，他在矿业、建筑、铁路等方面也有不少重要发明。

第一次世界大战期间，他研制出鱼雷机械装置、喷火器和水底潜望镜。

1929 年 10 月 21 日，在电灯发明 50 周年的时候，人们为爱迪生举行了盛大的庆祝会，德国的爱因斯坦和法国的居里夫人等著名科学家纷纷向他祝贺。不幸的是，就在这次庆祝大会上，当爱迪生致答辞的时候，由于过分激动，突然昏厥过去。从此，他的身体每况愈下。1931年10月18日，这位为人类作出过伟大贡献的科学家因病逝世，终年84岁。

2. "门罗公园的魔术师"

爱迪生的性格中有不畏失败、奋勇进取的一面，坚强的意志、不竭的努力正是他成功的根源。

在很困难的条件下，爱迪生仍旧继续工作。又有一次在试验一个大感应圈时，他无意中将两个电极握在一起，遭到电击。他猛地把手往后拉，使电线从电池架上的接头脱开，结果电池箱倒了，硝酸溅了爱迪生一脸，几乎弄瞎了眼睛，害得他两星期不能出门。

挨打、被解雇、实验中受伤……这一切，都没有使爱迪生回头或灰心丧气。他克服了种种困难，顽强地工作下去。爱迪生的儿子是这样回忆的：

对于我们这些天天接近他的人来说，他确是一个与众不同的巨人。他对人类的贡献是如此的巨大——一生中取得了1093项发明的专利权——可我怀念他，并非因为他有这许多发明，而是因为他那非凡的勇气，他的想象力和意志；也因为他那谦虚的品质和智慧。有时，他显得很调皮，但却是那么恰如其分。因为工作异常繁忙，他的家庭生活相对来说是受到了限制。但他总要挤出时间来和家里人一块去钓鱼，骑摩托兜风什么的。我们几个孩子还小的时候，他还和我们一起掷骰子、嬉闹着玩。

父亲通常一天要工作 18 个小时以上。他曾经告诉我们："完成一项发明可以使你享受到人世间真正的快乐。"世人广为流传说他有每天只睡四个小时——偶尔外加一次小憩的本事，这也并非是夸大之词。"睡觉"，他总是说，"就像是麻醉剂一样一下子占去你许多时间，并使你陷入一种麻痹状态。你失去了时间，也失去了活力和良机。"

在对待金钱的态度上也有类似的情况。他把金钱看做是同金属一样的原材料，为的是使用而不是积蓄。因此，他总是设法把资金用在新的项目上。有几次他完全处于破产状态，可他也决不让占有美元的欲望主宰自己的行动。

他卓有成效地发明使他像着了魔一样，人们因此称他为"门罗公园的魔术师"。对这种看法，他要么感到有趣，要么感到气愤。"魔力？"他常常这样说，"哼！那显然是艰苦劳动的结果。"再不就又是他那句常被引用的名言："天才，那就是百分之一的灵感加上百分之九十九的汗水。"

这个立志要有多方面建树的巨人，从童年时起，就几乎完全成了聋子，只能听得见大声的喊叫，可他并不为此而苦恼。他喜欢音乐，如果曲子很优美，他就把铅笔的一端放进嘴里，另一端抵在电唱机的匣子上，用这种特殊的方法来"欣赏"。

爱迪生自己曾说过：失败也是我所需要的，它和成功对我一样有价值。只有在我知道一切做不好的方法以后，我才知道做好一件工作的方法是什么。

不断地寻找自然的秘密，并利用它来造福人类；且一切都当朝光明的一面迈进。

3.　惯于发明

爱迪生除了在留声机、电灯、电话、电报、电影等方面的发明和贡献以外，在矿业、建筑业、化工等领域也有不少著名的创造和真知灼见。爱迪生一生共有约两千项创造发明，为人类的文明和进步作出了巨大的贡献。

他7岁染病导致终身耳聋，8岁上学，3个月后就被斥为"低能儿"而被撵出校门。他的青少年时代，始终与奔波流浪相随，卖过报，当过电信报务员。但生活的重负和打击，并没能阻断他的科学征途。

他的脑袋里装着"发明"二字，他的心脏奔涌着创造的热血。虽然他的穿着总给人一种土里土气的感觉，曾经腰包干瘪，也曾饿得精疲力尽，但他的天才和热情却丝毫没有被削减。

小爱迪生好奇，特别是喜欢动手，什么事情都想亲手做一做，有时异想天开，闹得大人哭笑不得。长大后，爱迪生坚持不懈地进行试验，比如爱迪生花精力最大的电灯的发明。他详细研究了有关孤光灯、白炽灯等的全部资料，在此基础上改进了白炽灯。为了寻找一种合适的灯丝，他和他的助手们试验了一千六百种不同的耐热材料和六千种植物纤维，最后找到了竹子的纤维。用炭化竹丝做成的灯泡，其寿命竟达到一千二百小时。为了这项发明，他和助手们常常接连工作二十四小时或三十六小时，实在太累了的时候，也只是用图书当枕头，在试验台上磕睡几小时。在试验中，爱迪生他们曾连续五夜未曾合过眼。

4. 孵小鸡的发明家

关于爱迪生的童年有着各种各样的有趣的故事。爱迪生5岁的时候，有一天早饭以后，他不知跑到什么地方去了，父母亲急得四处寻找。直到傍晚，父亲在仓库附近才发现他正神情专注地蹲在鸡窝中。

"你饿了一天，钻在这个脏地方干什么？"父亲气呼呼地问。

"我在孵小鸡呢，爸爸！"爱迪生指指屁股下面的一堆鸡蛋，神秘地回答说。

"你怎么能孵出小鸡来呢？"父亲一面伸手位他，一面大声地说，"还不快出来，我的傻儿子！"

"不，我不出来！"爱迪生争辩说，"母鸡就是趴在鸡蛋上孵小鸡的。"

"你是母鸡吗？"父亲又气又好笑地问。

"为什么母鸡能孵出小鸡，我就不能？"爱迪生撅着嘴，不服气地说。

最后还是父亲硬把他拉出了鸡窝。

据说爱迪生 6 岁那年，为了试验一下"火的威力"，他竟点着了家里的牲口棚。

顷刻间，浓烟滚滚，火舌乱窜。爱迪生躲在一旁，兴高采烈地观看着。等到父亲和邻居们闻讯赶来救火时，牲口棚已化为灰烬。

邻居们说："这孩子是中邪了，连自家的房子也要放火烧掉！"

于是，爱迪生免不了受一阵皮肉之苦。

大人们哪里会想到，天真的爱迪生是在做"试验"呀！

成年之后的爱迪生的许多轶闻趣事，至今仍为人们津津乐道。

1871 年圣诞节下午，24 岁的爱迪生和玛丽在喜气洋洋的气氛中，举行了甜蜜的婚礼。

仪式一结束，在宾客正要闹洞房的时候，爱迪生羞怯地把脸贴近新娘，咬着耳朵悄声地央求说："亲爱的，我有点急事，必须出去一趟，一会儿就回来陪你吃饭。"

新娘一听，尽管有点不高兴，也不便打听他去干什么，只好无可奈何地点了点头。

征得新娘同意以后，爱迪生急匆匆地溜出洞房，大步流星来到工厂。

原来，爱迪生的脑海里突然浮现出一个解决自动电报机的方案，这是他近来冥思苦想但一直未能解决的问题。他喜出望外，急于要去做试验，也就顾不得陪新娘和客人了。

爱迪生一进试验室，立刻全神贯注地干了起来。时间一分一秒地过去了，他像着了迷一样。夜幕降临了，他习惯地点上灯继续干。

这时候，新房里热热闹闹，宾客们吵嚷着向新娘要新郎，问她把他藏到什么地方去了。其实新娘也憋了一肚子气，不知道他的去向。

晚饭后，前来贺喜的宾客陆续回家去欢度圣诞之夜了。已近半夜时分，爱迪生仍然没有回家。新娘独自闷坐，心急如焚，就请人出去寻找。

一位工人来到试验室，看见爱迪生正在聚精会神地做实验，就大声地喊道："好啊，先生，到处找您，原来您躲在这里！都快把新娘急坏了！"

顿时，爱迪生如梦初初醒，急切切地问："现在什么时间了？"

"已经是深夜 12 点啦！"

"糟糕，糟糕！我还答应玛丽吃饭呢！"爱迪生说完，麻利地收拾好仪器，一路小跑赶回家，向新娘"请罪"去了。

5. 耐心观察

实践能力的高低往往更能左右一个人的事业。爱迪生的文化程度很低，对人类的贡献却这么巨大，这里的"秘诀"是什么呢？他除了有一颗好奇的心，一种亲自试验的本能，就是他具有超乎常人的无穷精力和勇敢精神。

爱迪生工作起来是个废寝忘食的人，直到晚年，他也不知道什么叫假日。他喜爱发明，喜爱与同事们讨论新的设想，喜爱脱去外衣，亲手试验这一设想是否可行。他是为数不多的不知把"工作"与"假日"相区别的人。他认为，既然面临着更激动人心的事业，为什么要把时间花在去游览外国名胜上，或是分心于所谓的体育运动呢？奇怪的是不知他哪来的这种比常人充沛的精力，得以年复一年地工作下去，这种无间歇的劳动并没有使他像一般人那样垮掉。

爱迪生在日常工作中表现得毫无规矩，这种生活方式乃是爱迪生处理日常事务的特点，如果这些都算得是日常事务的话。新的设想不断在他的头脑中产生。与朋友共同进餐或是交谈之时，他会突然在言谈中发现或是想起某一技术问题的解决可能。每到这时，他就会掏出来到门罗公园以后开始使用的黄色的 200 页厚的笔记本，立刻记下自己的想法、日期，并简单地勾划出一幅草图。这样的事情，有时一天要出现十几次，一本笔记能连用几个星期的时候很少，许多笔记都是几天就完。到爱迪生去世时，他共记下了 3400 个本子。

住在这一带的朴实的居民，把他看成是迷人的智囊。他就像昔日福斯多斯博士所召来的神灵，不管他创造了多么奇妙的成就，人们也不会表示惊叹。倘若门罗公园上空突然布满从火星飞来的飞船，并且发现爱迪生正在与火星来的科学家亲密交谈，人们也会理所当然地认为这是爱迪生的天才导致的必然结果。

当有人称爱迪生是个"天才"时，他却解释说："天才就是百分之一的灵感加上百分之九十九的汗水。"他在"发明工厂"把许多不同专业的人组织起来，里面有科学家、工程师、技术人员、工人共100多人，爱迪生的许多重大发明就是靠这个集体的力量才获得成功的。他的成就主要归功于他的勤奋和创造性才能以及集体的力量，此外，他的妻子也曾起了相当重要的作用。

请记住，爱迪生的成功经验是：

"据我所知，要想成功，就要坚持不懈地耐心观察，除此别无他路。"

第二十章　精神分析专家：弗洛伊德

1. 走进心理深处的医生

如果有人问，哪三位犹太人对世界历史发展产生的影响最大？恐怕马克思、爱因斯坦、弗洛伊德都会名列前茅。三位巨人的伟力是无与伦比的，他们从不同的领域出发，对世界政治、科学、思想文化的发展作出了卓越的贡献。在这三位同为犹太血统的巨人中，弗洛伊德是最有争议，也是被误解最多的人物。一方面，作为精神分析学的创始人，他被奉为顶礼膜拜的偶像，另一方面，他又被斥为招摇过市的骗子、色情狂。然而，真正了解弗洛伊德的经历及其思想，就会发现这是一位具有远大理想，为真理而献身的人。他的一生是孜孜以求的一生，是善恶分明的一生。心理学大师詹姆斯·洛克认为弗洛伊德是"走进心理深处的医生"。

弗洛伊德 1856 年 5 月 6 日出生于奥匈帝国摩拉维亚弗赖贝格，弗洛伊德的父亲雅科布是犹太毛皮商人，他在和弗洛伊德的母亲阿玛利·内桑森结婚前，曾结过一次婚。弗洛伊德诞生时，其父 40 岁，似乎是一个不亲近人而自居权威的人物，而母亲则给他较多的抚育和感情。弗洛伊德虽然有两个异母哥哥，但他和比他大一岁的侄子约翰的关系似乎更为密切。

1859 年，由于经济原因，弗洛伊德全家迁到莱比锡，一年后又到维也纳。到纳粹并吞奥地利为止，弗洛伊德在此居住 78 年。弗洛伊德不喜欢这个帝国城市，部分是由于市民们经常反对犹太人。

1873 年，弗洛伊德毕业于文科中学，在一次大学文章朗诵会上，他听到歌德论自然一文，可能因此受到鼓舞而转以医学为职业。在维也纳大学，他和当时有名的生理学家之一布吕克一起工作过。布吕克是亥姆霍兹唯物主义反生机论科学的拥护者。1882 年，弗洛伊德进入维也纳总医院，作为临床助教，受到精神病学家 T·梅纳特及内科教授 H·诺特纳格尔的教导。1885 年，弗洛伊德完成了他对脑髓的重要研究，被任命为神经病学讲师。

1885 年末，弗洛伊德离开维也纳到巴黎萨尔佩特里埃尔诊所，在夏尔科指导下工作，继续他的神经病理学研究。在法国首都的 19 个星期是他事业上的转折点，夏尔科当时正在研究"歇斯底里病人"，他的工作使弗洛伊德认识到心理障碍的根源可能存在于心灵中而不是在脑中。夏尔科证明歇斯底里症状如肢体瘫痪和催眠暗示之间有一定联系，这意味歇斯底里的病因是精神状态的力量而不是神经。虽然不久他就放弃对催眠术的信心，但他在 1886 年 2 月回到维也纳时心中已孕育着他的革命性的心理疗法。

回到维也纳几个月后，弗洛伊德即和玛莎·伯尼斯结婚。玛莎出身犹太望族家庭，其祖先中有一位汉堡的首席犹太教教士，还有 H·海涅。她生了 6 个孩子，其中一个就是安娜。安娜靠自己的努力，也成为一个著名的心理分析家。E·琼斯在他写的弗洛伊德传记中，把他的婚姻描绘成一幅光辉幸福的图像，但后来的学者们对此稍有不同看法。不过在弗洛伊德一生动乱不安的经历中，玛莎一直持深情的支持态度，这一点现在是很清楚的。

婚后不久，弗洛伊德和柏林的医生 W·弗利斯开始了最亲密的友谊，这个人在精神分析发展中所起的作用曾惹起广泛的争论。在 15 年的亲密交往中，弗洛伊德一些最大胆的思想都和弗利斯讨论过。弗洛伊德相信人类是双性的，身体上有性乐区，甚至认为幼儿有性欲等，这些信念和思想都很可能是受到他们友谊的鼓励。

此后十年中他发展了自由联想技术。1895 年，他与布罗伊尔共同发表了《歇斯底里研究》。

1896 年 10 月，弗洛伊德的父亲在 81 岁生日以前不久去世。一些弗洛伊德认为曾经长期被潜抑的情绪在他身上宣泄出来了，这些情绪来自他早年的家庭经验及感情。从 1897 年 7 月开始，弗洛伊德试着利用一个曾用了几千年的技巧——释梦——来揭示这些经验和感情的意义。弗洛伊德对分析梦的传统的贡献，是开辟了一条新路。他强调"释梦是认识无意识的捷径"。他提供了一个不寻常的详细文章说明梦为什么产生和功能是怎样的。

1899 年，他的著名代表作《释梦》（又译《梦的解释》）问世，但遭到了当时医学界的冷落。在此后的十年间，人们才逐渐认识到其学说的价值。一批著名学者，如荣格、阿德勒都拜入他的门下，精神分析学派初步形成。1908年，"精神分析学会"在维也纳成立。在瑞士的苏黎士，在荣格主持下的"弗洛伊德协会"吸引了来自世界各国的研究者，培养了一批具有国际影响的精神分析工作者。

在美国，由于弗洛伊德的访问，掀起了对精神分析学的研究热潮。1910年5月，美国精神分析学会在华盛顿成立，并出版该会的机关刊物《变态心理学杂志》。

在俄国，弗洛伊德的著作被译成俄文出版。还创办了《精神治疗法》杂志。莫斯科科学院为优秀的精神分析学著作颁发了奖金。

在德国也成立了精神分析学会。与此同时，在法国、意大利、澳大利亚等国也开始研究和翻译弗洛伊德的著作。

正当弗洛伊德踌躇满志的时候，第一次世界大战爆发了，这个被他称为"可恨的时代"几乎把他抛入绝境。

荣格和阿德勒——弗洛伊德最著名的两位学生，在这期间也公开同弗洛伊德分离了，这更加剧了弗洛伊德的悲观情绪。

而最使他绝望的是，他的3个儿子和不少出色的精神分析学者应征入伍，在前线的战场上生死不明。弗洛伊德每天都以焦虑的心情查阅报纸，关注着儿子和朋友们的生死前途。

战争期间，弗洛伊德的生活也成了问题，他的家人每天都面临着缺粮的威胁，前来诊所看病的人也寥寥无几。更糟糕的是，病魔也不断向他袭来。先是严重的风湿症，使他连写字手都不停地颤抖。接着，又患了致命的下颚癌。下颚经常颤抖不已，还时常作痛。但一战后，精神分析学受到了空前的重视，弗洛伊德也一跃成为世界知名学者。弗洛伊德自 20 年代起便将精神分析运用于其他领域，试图解释一切与人类精神活动有关的问题。但好景不长，30 年代，希特勒上台，在全国禁止精神分析学说。1938 年，弗洛伊德离开了他居住 79 年的维也纳，去往伦敦。1939 年 9 月 23 日，弗洛伊德因下颚癌而逝世。

2. 智者的思想积木

弗洛伊德童年时所受的启蒙教育主要来自他的父亲。他的父亲是一个销售毛织品的商人，为人诚实单纯，当然也精明。老弗洛伊德虽没有受过高等教育，文化水平较低，但却从生活经验和犹太教的文化传统中获得了不少深刻的见解和知识，并将其传授给了弗洛伊德。特别是那种"好奇心"、"求知欲"和"征服者"的探索精神。

进入青年时代后，弗洛伊德是一个狂热、有激情却又不乏冷静的人，他的嫉妒心也极强，对自己的东西要求绝对掌握，而不甘与他人分享。

由于其生活坎坷，一生中备受批评与歧视，所以进入老年后，弗洛伊德显得有些偏执，他有强烈的逆反心理与反抗精神。

弗洛伊德一生追求知识，很小的时候，弗洛伊德就对知识表现出浓厚的兴趣。他 9 岁就上了中学，学习成绩始终名列前茅，由此取得了免试进入大学的资格。弗洛伊德在语言方面具有超人的才能，他不仅熟悉自己的祖先的希伯来语，而且精通拉丁文、希腊文和英语等其他主要西方文字。弗洛伊德十分喜爱文学和哲学，他阅读过大量不同时期不同作家的优秀作品，特别推崇文学大师莎士比亚和歌德。这些大家的一些主要作品的精华部分，他都能背得滚瓜烂熟。也正是从这些优秀的文学作品中，他学到了对人、人的生活的认真观察和深入思索，学会了用艺术的语言、形象的描述去表现自己深刻的思想。同是在这个时候，弗洛伊德精读过许多重要的西方哲学书籍，广泛汲取古代希腊以降哲学思维的许多重要的理论观点和理论逻辑方法。这一切，都构成了"智者的思想积木"（荣格语），都为弗洛伊德以后的科学理论创造打下了坚实的思想基础。

3."心理人"

弗洛伊德堪称他那个时代最有影响和才智的学术开创者，精神分析的奠基人。精神分析是有关人类心灵的学说，也是减轻精神疾病痛苦的治疗方法以及解释社会和文化的一种观点。不管多少人对弗洛伊德著作翻来覆去地批评，试图否定或加以种种限制，它的魅力依然是强有力的。在他死后，他的学说已扩展到同狭义心理学无关的许多学术领域中去。美国社会学家 P·里夫曾说过，"心理人"已取代政治人、宗教人或经济人而成为主导 20世纪的自我形象，这在很大程度上要归功于弗洛伊德的远见卓识和他留下的几乎无穷尽的智慧遗产。

弗洛伊德的早期著作论述了大脑生理学与解剖学。他从 19 世

纪的 80 年代末起研究了神经官能症的问题，从 19 世纪的 90 年代
中期起研究了心理分析问题（根据自由联想的技术与分析各种错
误动作和梦境，对神经官能症的心理治疗方法）。他是最初开始
研究性欲发展（分几个阶段）的心理方面的人物之一。在 1900
年他提出了心理器官作为能量系统的结构的普通心理学理论，认
为在意识与潜意识的意向之间的冲突是能量系统变动的基础。在
1920 年他提出了关于个性的心理结构的学说（《我与它》，1923
年）。弗洛伊德不正确地扩大心理分析运用的范围，企图把他的
原则推广到社会心理学方面（《群众心理学与人类我的分析》，
1921 年）和人类文化的各个领域——神话学（《图腾与禁忌》，
1913 年）以及民俗学的艺术创作等，直到把宗教解释为集体神经
官能症的一种特殊形式（《一个幻觉的未来》，1923 年）。升华是
弗洛伊德对文化心理解释的一个中心概念。他把文化看成是自发
的意识与对现实的要求之间的不可避免的妥协的结果（《文化中
的不满意》，1930 年）。弗洛伊德整个思想的演化是从"生理唯
物主义"到确认心理因素的自治与人体的结构，到与生活哲学的
自然主义的变种相接近。弗洛伊德的思想对资产阶级的哲学、社
会学、社会心理学、文学和艺术的各个方面都有重大影响。

弗洛伊德的主要著作有：《释梦》、《精神分析引论》等。

4. 精神的革命

年轻的弗洛伊德曾向往过做一名政治家或将军，也一度沉醉

于达尔文的进化论和歌德礼赞大自然的诗篇中。然而，他最终选择了维也纳大学医学院，做一名优秀的医生成为他最后的职业选择。在进入维也纳大学 3 年后，他进入著名生理学家布吕克教授的生理研究室当助理研究员，开始由研究动物的神经细胞入手，再经由对神经性疾病的研究进入对神经官能症的探讨。

1886 年 2 月底，弗洛伊德完成了去巴黎学习神经病医学的研究计划后返回维也纳，在维也纳医学院儿科病研究所担任神经病科主任。与此同时，他在维也纳正式开业行医。大量的临床治疗使他获得了丰富的实践经验。

弗洛伊德在实践中所采用的有效疗法中，最突出的是催眠术。而当时比较流行的是用电疗。弗洛伊德通过实践发现传统的电疗法的效果是很有限的。他认为，电疗过程中如果有什么效果的话，实际上应该归功于医生对病人的暗示作用。特别是当他指出传统的观念——即认为"歇斯底里症"是心理病，而不是神经系统疾病，是反科学的后，遭到权威们的激烈的反对和嘲弄，最后甚至把他赶出研究所的大门，使弗洛伊德根本找不到发表讲稿和论文的刊物。他能够推行自己的精神病疗法的唯一场所只有他的私人诊所。那段时间里，弗洛伊德成了维也纳医学界"不受欢迎的人"。

但是，弗洛伊德并没有放弃自己选择的道路，他继续在自己的道路上探索人类精神活动的奥秘，征服潜意识的黑暗角落。"像我这样的人，活着不能没有嗜好，一种强烈的嗜好——用席勒的话来说，就是暴君。我已经找到了我的暴君，并将无条件地为之服务。这个暴君就是心理学。"他顽强地坚持自己的看法，并不断寻找新的发现。

在弗洛伊德看来，"歇斯底里症"是多种复杂的精神力量同日常生活中常见的动机、目的等因素交互作用的产物。也就是说，"歇斯底里症"是那些正常的受压抑精神力量在反常的条件下转化为变态心理的结果。为了彻底解决上述基本问题，弗洛伊德采取自我分析和梦的分析两种办法继续探索。

经过长期的观察、实验和治疗实践，他终于在世纪的转折点上，出版了心理学史上一部划时代性的著作《梦的解释》，完成了精神分析学由雏形变为完整体的过渡。

然而，这本书的出版并没有立即给弗洛伊德带来好运。出版18个月之后，没有一本科学性期刊提到这本书，只有少数非学术性杂志提到它，并且全部的发行量只有600本，却花了8年才卖完。前两个星期只卖了100多本。弗洛伊德一共只收到了约200多美元的稿费。

科学史上很少有像它那样的著名著作而遭到这样的厄运。一直到10年以后，弗洛伊德的这本书才受到重视。

在那段时间里，弗洛伊德忍受了最恶毒的攻击。有人把他的理论与瑜珈术、基督教义一视同仁，还有的将它同"招魂术、通灵术"相提并论。最使弗洛伊德气愤的是，许多根本不懂心理学，甚至也没有读过弗洛伊德的书的人，也污蔑弗洛伊德及其理论。弗洛伊德说："任何一个不懂物理学的人都不敢妄加评价爱因斯坦的相对论，但是所有的男女老少都敢评判我的理论，不管他们是否懂得心理学。"

弗洛伊德从孤立的状态中挣扎出来，大约经历了6—10年的时间。在这段时间内，他连续发表了《日常生活的心理分析》、《少年杜拉的故事》和《性学三论》三部重要的著作，使他的学说逐步在世界各地的学术界发生影响。

前来拜访弗洛伊德，向他求教的人越来越多。后来成为新弗洛伊德主义的主要代表人物的阿德勒和荣格等人也先后来到弗洛伊德的身边。他们经常在一起聚会，讨论问题。他们的合作及所取得的成果，吸引了愈来愈多的追随者和拥护者。弗洛伊德的学说渐渐被国际医学和心理学界的许多学者所接受，特别是在英语语系的国家里，更是被广为传播。

1908 年春，成立了"维也纳精神分析学会"。同年 4 月，"弗洛伊德心理学会议"在沙尔斯堡举行。也正是在这一年的夏天，弗洛伊德接到美国麻省克拉克大学校长的邀请，赴美国讲学。

在美国的讲学使弗洛伊德获得了巨大的成功。当他从克拉克大学校长的手中接过博士学位的时候，他怀着激动的心情表达了他难以抑制的情感："这是对我们的努力的第一次正式的合法承认。"

1933 年，希特勒在德国上台，开始疯狂地迫害犹太人，许多精神分析学家纷纷离开德国和奥地利。面对迫害的狂潮，弗洛伊德非常镇定，他写信给当时住在巴黎的希腊公主玛丽·波拿巴特："人们担心德国的种族主义狂热会波及到我们这个小小的国家。我不相信这里有危险。如果他们把我杀了，那也好。这不过是和平凡的死去一样，没有什么了不起。但很可能这仅仅是一种夸张的说法。"

1933 年 5 月，柏林正式宣布弗洛伊德的书是"禁书"，并焚烧了弗洛伊德所有的著作。弗洛伊德怒不可遏："这是人做的事吗？在中世纪的话，他们肯定会烧死我；而现在他们只好满足于烧毁我的书。"

1936 年 5 月，弗洛伊德度过了难忘的八十寿辰。最使弗洛伊德激动的是爱因斯坦的贺信。在信中爱因斯坦写道："尊敬的弗洛伊德先生，我感到高兴的是，我们这一代有机会向你这位最伟大的导师表示敬意和祝贺。毫无疑问，你已经轻而易举地使那些具有怀疑思想的普通人获得一个独立的判断。迄今为止，我只能崇奉你的素有教养的思想和思辩的力量，以及这一思想给这个时代的世界观所带来的巨大影响。"在信的附注中，爱因斯坦说他的这封信不必要给予回复，希望不要过多占用弗洛伊德宝贵的时间。

弗洛伊德为爱因斯坦的热情所感动，他不顾难以忍受的病痛，回信向爱因斯坦表达了真诚的谢意。

1938 年，纳粹德国吞并了奥地利。一群暴徒占领了国际精神分析学会出版社，抄了弗洛伊德的家，弗洛伊德的生命受到了威胁。在美国总统罗斯福的干预下，在亲朋好友的帮助下，纳粹政府迫于各方面的压力，同意让弗洛伊德出境。但纳粹分子要弗洛伊德在取得出国护照前，必须在一个证明文件上签字，以表示他作为一个学者得到了盖世太保的"礼遇与体贴"，并注明他"没有任何可抱怨的理由"。弗洛伊德立刻明白了他们的险恶用心，机智地写上一句："我将热心地向任何一个人介绍盖世太保。"

1938 年 6 月，弗洛伊德离开了居住了 79 年的城市——维也纳。离开这个城市的时候，弗洛伊德的心情是十分沉痛的。他对

　　眼前发生的一切无话可说，他只有默默地在心中说："再见，维也纳！"他知道，这一去是不会复返了。

　　弗洛伊德一家一到达伦敦，便受到英国朋友的热烈欢迎。英国的精神分析专家、著名的科学家、犹太人协会的代表都接踵而来，向他表示祝贺和慰问。伦敦的报刊也热情地报道了弗洛伊德抵达的消息。美国克利夫兰市以"全体市民"的名义打来电报，邀请弗洛伊德去那里安家。尤其使弗洛伊德兴奋的是，许许多多的陌生人给他寄来了贺信。他真正体会到自己并非孤立的。

　　6月23日，英国国王亲自到弗洛伊德的寓所看望他，英国皇家学会的3名秘书带来了该学会自17世纪中叶以来代代相传的纪念册，当弗洛伊德签名的时候，他的心情异常激动。因为他知道，就在这个纪念册上，有伟大的科学家牛顿和达尔文的签名。

　　1939年2月，弗洛伊德的下颚癌已经发展到无可挽救的程度。到这一年的8月，弗洛伊德已难以进食。他最后阅读的一本书是巴尔扎克的《驴皮记》，弗洛伊德说："这本书正好适合于我。它所谈的就是饥饿。"到9月份，他的下颚已全部烂掉，奄奄一息。9月23日午夜，弗洛伊德的心脏停止了跳动。

　　弗洛伊德漫长的、充满斗争的一生结束了，一个伟人逝世了，但他的思想和精神遗产却留给了世界。

5. 开掘精神心理的层面

　　弗洛伊德是20世纪影响最大的学者之一。他对人的精神领域的研究是非常深刻的，这是他对未知世界的探索。当然，对未知的探索，就意味着可能的成功。

另外，弗洛伊德有学习语言的天才，他精通拉丁文和希腊文，熟练地掌握法文和英文，还自学意大利文和西班牙文，对他的国语希伯莱文也很熟悉。这是他广泛阅读材料的基础，为他的精神分析研究提供了前提。

弗洛伊德虽然有深厚的犹太民族的感情，但他很善于吸收周围民族的文化养料。对歌德和莎士比亚等人的作品弗洛伊德都推崇备至，他能背诵歌德和莎士比亚的许多作品。这使他能够从各方面吸收知识的养料，并最终成为一代宗师。

最后，他的人格也令人钦佩，他的正义感非常强烈，反对战争，他说："人类将战胜这场战争。但我确实认识到我和我的同代人将再也不会看到一个快乐的世界。一切都是令人讨厌的。"

弗洛伊德不是一个简单的"白日梦幻"者，而是精神分析的思想家。20 世纪的自然科学和社会科学都深受弗洛伊德学说的影响，这不能不说是一个奇迹。有人说弗洛伊德是"精神领域的哥伦布"，这是一个不过分的评价。

第二十一章　原子科学之母：居里夫人

1. 核科学的先驱

有人说"21世纪将是原子能的世纪"，"核能是解决能源危机的根本出路"。也有人说："核能的发现将人类推入了核战争的深渊，人类终将自尝恶果。"持正面意见的人把核能描述成"救世主"，持反面意见的人把核能描述成"恶魔"，但有一点是可以肯定的，那就是核能已经成为人类生活中不可或缺的一部分。而作为核科学的先驱，居里夫人这个名字也将永远被人们铭记。居里夫人（1867—1934）是法国著名的物理学家和化学家，放射性元素镭的发现者。原籍波兰，生于华沙一个中学教师家庭，她的名字叫玛丽·斯可罗多夫斯卡，因她的丈夫叫比埃尔·居里，故人们习惯称她为居里夫人。她1891年赴巴黎入索尔本大学（即巴黎大学）理学院学习，1893年获物理学硕士学位，1894年取得数学硕士学位。1895年与比埃尔·居里结婚。1896年她注意到贝克勒尔关于铀盐自动放射出一种性质不明的射线的报告，当时，这种射线的来源还是一个谜，她想揭开这个谜，便着手这方面的研究工作。1898 年发现钍的放射性，同年 7 月发现新元素钋，12 月发现新元素镭。1900 年被任命为赛福尔高等师范学院物理学教授。1903 年获巴黎大学物理学博士学位。1904 年成为巴黎大学理学院物理研究室主任。1906 年比埃尔逝世，由她继承比埃尔创设的讲座。1908 年在索邦被聘为"实任教授"，讲授放射学。由于居里夫妇对放射性的研究，1903 年与贝克勒尔共同获得诺贝尔物理学奖金，又由于居里夫人发现钋和镭元素，推进了化学研究而获 1911 年度诺贝尔化学奖金，因此她成为第一个在不同领域内两次获得诺贝尔奖金的科学家。她一生获各种奖金计有十项。荣誉奖章 16 枚，名誉头衔 107 个，著有《论放射性》、《放射学与战争》、《论同位素学和同位元素》、《放射性物体 α、β、γ 三种射线和原子结构的关系》等达 30 余种。卒于法国阿尔卑斯山脉一所疗养院。

2. 人性之美

居里夫人的女儿艾芙·居里在她的《居里夫人传》中写道："玛丽居里一直到去世的时候，还带着和那个女孩相似的地方，她那漫长的艰苦灿烂的生涯，并不曾使她更伟大或更渺小，尊她成圣，或贬损了她。直到弥留，她仍像在默默无闻的早年时期一样，仍是温和、坚决，胆小，而且好奇。"的确，居里夫人是一个温和但又果断，胆小却又勇于探索的人。她性格上具有两重性，带有不同性格的色彩，或许正是由于这种个性和多样化，使她成为了一位举世闻名的科学家。

居里夫人喜欢郊游，她认为在美妙的野外松弛身心，会比任何休息方式都有效。1895 年她与皮埃尔·居里在法国的小城梭镇结婚。婚礼之后，两人就去买了辆自行车，一起骑车去郊外游玩，以此作为蜜月旅行。在居里夫人步入老年之后，她的这一爱好没有随年龄和身体的衰退而衰退，她经常去瑞士及法国南部旅游，最终，阿尔卑斯山成了她最后的归宿，她于 1934 年病逝于法国南部阿尔卑斯山脉的里彻尔疗养院。

3. 镭 的 发 现

1896 年，法国物理学家柏克勒尔发现铀能发出射线的现象，立即引起了居里夫人的注意。她认为这决不是个别元素才具有的特殊性质，于是检查当时已知的所有元素及其许多化合物，发现钍和钍的化合物也能自动放出射线。她给这种特性起名为"放射性"，有此种性质的元素铀、钍就称为"放射性元素"。当她继续检查时，又发现沥青铀矿的放射性竟比纯铀强大得多，这说明此矿中含有一种放射性很强的未知新元素。于是她和彼埃尔·居里一起昼夜进行工作，按照化学分析的普通顺序，经过多次淘汰，在 1898 年 7 月分析出一种新的放射性元素，放射性比纯铀强四百倍，为了纪念居里夫人的祖国波兰，特意取名为"钋"。紧接着，在同年 12 月又发现了放射性比纯铀强九百多倍的新元素，取名为"镭"（拉丁文原意是"放射"）。

居里夫人的重大发现动摇了当时在物理学、化学领域中"原子不可分割"的经典原理，遭到一些深受形而上学思想束缚的物理学家和化学家的责难，他们说只有将纯镭提炼出来并将原子量测定出来，我们才相信。居里夫妇勇敢应战，在极其简陋的木板房中，经过四十五个月的艰苦努力，终于在 1902 年底从八九吨沥青铀矿中提炼出了 0. 1 克纯净的氯化镭，并初步测定了镭的原子量为 225（现代精确测量为 226. 0254）。镭的发现轰动了世界！为此，1903 年 6 月居里夫人获博士学位，11 月居里夫妇获诺贝尔物理学奖。居里夫人是第一位获诺贝尔奖的女科学家。在丈夫居里不幸逝世后，居里夫人忍受住悲痛继续进行科学研究，经过几年的艰苦努力，终于又在 1910 年提炼出了纯镭，精确测量它的原子量。

4. 这样一个居里夫人

小时候的玛妮雅·斯可罗多夫斯卡在学校里是一个优等生。当时她的祖国波兰处于沙俄的统治之下，沙俄不准波兰的孩子学习波兰语和波兰历史，但学校里的老师往往偷着教，但有一天发生的一件事，震撼了玛尼雅的心灵。

有一天上历史课，历史老师照例偷偷地教着波兰历史，她提问小玛妮雅："玛妮雅·斯可罗夫斯卡。"

"到。"

"告诉我们斯塔尼斯拉斯·奥古斯特的事迹。"

"斯塔尼斯拉斯·奥古斯特·波尼阿脱夫斯基在 1764 年被选为波兰王。他很聪明，受过良好教育，是艺术家和著作家的朋友。他了解有些什么缺点使这个王国衰弱下去，并且想设法补救；但是不幸得很，他是一个缺乏勇气的人。"

这个站在坐位旁边，用清楚而且有把握的声音背功课的女学生，样子和她的同学并没有多大区别；她坐在第三排，靠近窗户，由窗户向外望，可以看见萨克斯花园里雪罩着的草地。寄宿学校的藏青斜纹哗叽制服——钢钮扣，浆得很硬的白领子——围住了这个十岁的女孩的身躯，一条用窄丝带扎住的编得很紧的辫子，把那些短鬈发拢到她那细小而且完美的耳朵后面去，使那倔强的面庞差不多显得很平常。严肃的制服，简单的束发法，是西科尔斯卡女士的"私立学校"的规矩。

坐在椅子上的教员，服饰也并不浮华，她那黑绸上衣和鲸须领子，从来不是流行的式样；而安多尼娜·杜巴尔斯女士也毫不美丽，她的脸是迟重、粗鲁而且丑陋的，不过显得很富于同情。杜巴尔斯卡女士——人们平常叫她杜普希雅——是数学和历史教员，兼任监学；这种职务使她有时候不得不用强制手段，压制小斯可罗多夫斯卡的独立精神和固执性格。

然而她看着玛妮雅的时候，眼神仍是含着很深的慈爱。有这样一个格外出色的学生，她怎么能不自傲呢，这个学生比她的同学小两岁，对于任何科目都似乎不觉得困难，永远是第一：算术第一，历史第一，文学第一，德文第一，法文第一，教义问答第一。

全教室寂然无声，似乎还不只寂静而已，历史课造成一种热

烈情绪的空气，二十五个年轻的激昂的爱国志士的眼睛和杜普希
雅的郑重脸色，反映出认真的热诚；论到这个死去多年的国王的
时候，玛妮雅带着特殊的热情肯定地说：

"不幸的很，他是一个缺乏勇气的人。"

这个不漂亮的教师，正在用波兰语教波兰历史；她和那些极
端慎重的儿童，都带着共同参加阴谋的人们的神秘态度。

突然，真像阴谋者一样，她们都吃一惊：轻轻的电铃响声由
梯头断续传来了。

两声长的，两声短的。

这个信号立刻引起一阵剧烈而安静的激动，她们突然加强了
警惕，杜普希雅赶紧收拾起散乱着的书籍，一些敏捷的手由桌子
上把波兰文的笔记本和小书册抢过来，堆在五个轻捷的学生的围
裙里，她们抱着这些东西，由通到后面宿舍的门走出去，接着听
见搬动椅子，打开桌子盖，再轻轻关上的声音。这五个学生喘着
气回来坐下。通过厅的门，慢慢地开了。

霍恩堡先生在门槛前出现，他的讲究的制服——黄色长裤，
蓝绒短衫，缀着发光的钮扣——紧紧地裹在他身上；他是华沙城
内私立寄宿学校的视察员，躯干笨重，头发剪成德国式，脸很肥
胖，眼光由金边眼镜后面射出来。

这个视察员一语不发地看着这些学生，陪他进来的校长西科
尔斯卡女士站在他旁边，表面很镇静，也看着这些学生，但是她
心里多么的忧虑不安呀！今天耽搁的时间太短了，管门的人刚刚
发出约定的信号，霍恩堡就在引导者前头到了梯顶，进了课堂，
天哪！都安置好了吗？

　　都安置好了，二十五个小女孩都在低头作针线，手上戴着针箍，在毛边的四方布上锁着毫不犯忌讳的钮扣眼，剪子和线轴散乱地放在空桌子上。杜普希雅头上的青筋有点凸出来，脸色涨红；桌上明显地放着一本打开的书，是很合法的文字印的。

　　校长从容地用俄语说："视学先生，这些孩子每星期有两小时缝纫。"

　　霍恩堡向教师走过去。

　　"女士，你刚才在高声读书，读的是什么？"

　　"克雷洛夫的'寓言'，我们今天才开始读。"

　　杜普希雅完全镇静地回答了，脸色也慢慢恢复了常态。

　　霍恩堡像是毫不经心的样子，把附近一张桌子的盖子掀开；什么也没有，没有一本笔记，没有一本书。

　　这些女孩小心地作完针线，把针别在布上，停止工作；她们坐在那里不动，两臂交叉，一律是深色衣服，白领子，样子都相同，而这二十五张孩子脸突然老了，都带着一种毫无表情，而暗藏恐惧、狡猾和憎恨的神色。

　　霍恩堡先生在杜巴尔斯女士请他坐的椅子上沉重地坐了下来。

　　"请你叫起一个年轻人来。"

　　玛妮雅·斯可罗多夫斯卡在第三排上，本能地把她那恐慌的小脸转向窗户，心里暗暗祷告着："我的上帝，叫别人罢！不要叫我！不要叫我！不要叫我……"

　　但是她知道一定要叫她，老师一向叫她回答政府视学的问话；因为她知道得比较多，而且她的俄语说得最好。

听见叫她的名字，她站起来了，她似乎觉得热——不对，她觉得冷，一种可怕的耻辱感卡住了她的喉咙。

霍恩堡突然说："背诵你的祈祷文。"他的态度显得不在意与厌烦。

玛妮雅用毫无表情的声音，正确地背出"我们的圣父"。沙皇发明的最刻薄的屈辱方法之一，是叫波兰小孩每天用俄语说天主教祈祷文，以此亵渎他们尊重的东西。

教室里又完全寂静了。

"由加撒林二世起，统治我们神圣俄罗斯的皇帝是哪几位？"

"加撒林二世，保罗一世，亚历山大一世，尼古拉一世，亚历山大二世……"

视察员满意了，这个孩子的记忆力很好，而且她的发音多么惊人啊！她真像是生在圣彼得堡的。

"把皇族的名字和尊号说给我听。"

"女皇陛下，亚历山大太子殿下，大公殿下……"她按次序说完了那很长的一串名字，霍恩堡微笑了，这真是好极了！这个人没有看见——或是不愿意看见玛妮雅的痛苦；她的面孔板了起来，努力压住反抗的感觉。

"沙皇在爵位品级中的尊号是什么？"

"陛下。"

"我的尊号呢，是什么？"

"阁下。"

这个视察员喜欢问这些品级上的细目，他以为这些比数学和文法还重要。然后为了他自己的无意识的快乐，又问：

"谁统治我们?"

校长和教员的眼睛都射出了怒火,为了遮掩她们的神色,她们都注视着拿在面前的注册表。因为答案来得不快,霍恩堡生了气,用比较大的声音再问一遍:

"谁统治我们?"

玛妮雅很痛苦地清清楚楚地说着:"亚历山大二世陛下,全俄罗斯的皇帝。"她的脸色变得惨白。

考问完了,这个官吏起了座,略一点头,向隔壁屋子走去;西科尔斯卡女士随在后面。

然后,杜普希雅抬起头来。"到这里来,我的小孩子!"

玛妮雅离开座位,走到教师面前,这个教师不说什么话,就吻她的额;忽然,在这个复活了的教室里,这个波兰小孩不能自制,哭了起来。

1891年,玛妮雅去巴黎读书。玛妮娅寄居在德意志路的姐姐和姐夫家中,开始了在法兰西共和国大学理学院的学习生涯。这时,她的名字按照法文的拼法,变成了玛丽·斯可罗多夫斯卡。

经过了几年的艰苦磨练,玛丽十分珍惜这一重新得到的学习机会。她心中充满着渴望,浑身有着一股神奇的力量。为了找到安静的学习环境,她离开了姐姐的家,独自在拉丁区福拉特路的一座六层楼上租到了一间小阁楼。

房租当然是极其低廉的,因为她每月仅有的四十卢布逼得她不得不十分节俭。为了尽可能节约开支,她每天步行去学校,晚上则尽量利用学校图书馆的灯光来看书,只有到图书馆关门以后,才回家点油灯继续攻读,直至第二天凌晨两三点钟才上床睡觉。冬天买不起取暖用煤，她就尽量忍耐着，睡觉时总是穿上所有的衣服钻进冰冷的被窝；有时的确冷得受不住，就把椅子也压在被窝上。

食物自然是最简单的黄油涂面包。这不仅可以省钱，也省下了宝贵的时间。有一天夜里，她从图书馆回家，随手抓了家中仅有的一点小萝卜和樱桃充饥，接着学习到了凌晨三点。第二天一早，她又按时到学校去上课。可这天回到家里，她再也支持不住了，两眼一黑，竟晕了过去。

当姐夫卡西密尔闻讯赶来时，刚从昏迷中醒来的玛丽又在专心地准备功课了。姐夫在她住房内找了个遍，竟连一点食物也没有发现，只是找到了一小包茶叶。他一切都明白了，立即把玛丽带回自己家中。经过姐姐布罗妮雅几天的照料，玛丽才逐渐恢复了体力，又重新回到了自己的小阁楼，继续过着清苦的生活。

经过近两年的刻苦攻读，1893 年 7 月，她以第一名的成绩获得了物理学学士学位。

第一次世界大战的爆发，完全打乱了玛丽的研究计划。德国人不宣而战，侵入法国。法国政府发出了总动员，决心抗击侵略者。镭研究院的多数工作人员也都奔赴了前线。

年已四十七岁的玛丽也义愤填膺地投入了保卫第二祖国的战斗。她建议把 X 光机装在汽车上，然后开赴各战地医院，为受伤的战士检查弹片的位置。战士们亲切地将这部装在汽车上的 X 光机称作"小居里"。随着战争形势的发展，玛丽从各方面征集了二十辆汽车，装备了二十部"小居里"，分赴各个战地。其中的一辆，由她自己亲自驾驶和掌管。有一次翻了车，玛丽险些送命。

居里夫人的女儿，十八岁的伊雷娜也参加了战地救护工作。以后，母女俩又在镭研究院办起了 X 光外科培训班，亲自担任教学工作。

在战争最激烈的时期，玛丽十分担心存放在镭研究院的那一克由她提炼出来的镭会落入敌人手中，便亲自把它运送到了安全的后方。

1918 年秋天，战争结束，法国取得了胜利，波兰也获得了独立。玛丽又重新走进了自己的实验室，沉醉于一度被中断了的"科学梦"。

1920 年 5 月的一天早晨，一位名叫威廉·布朗·麦隆内夫人的美国记者来到了镭研究院的会客室，要求会见居里夫人。

麦隆内夫人在纽约主办一家大型杂志，是玛丽的崇拜者之一，曾多次要求与她会晤。玛丽一向不愿见记者，但对盛情的麦隆内夫人已不便再加拒绝，于是决定第二天抽空与她见面。

当居里夫人出现在这位已从事新闻工作二十多年的记者面前时，麦隆内夫人倒有些拘谨了。玛丽看出了这一点，便主动与她谈起了美国。她说："美国约有五十克镭，四克在巴尔的摩，六克在丹佛，七克在纽约……"

麦隆内夫人问："法国有多少呢？"

"我的实验室只有一克多镭。"

"你只有一克镭吗？"

"我？啊！我一点也没有！这一克镭属于我的实验室。"

麦隆内夫人谈起了专利，她认为专利应当使玛丽成为巨富。

玛丽平静地说："没有人应该因镭致富。镭是一种元素，它是属于全人类的。"

麦隆内夫人一时冲动，冒出了一个问题："若是世上所有的东西任你选择，你最愿意要什么东西？"

"我需要一克镭，以便继续我的研究，但是我买不起。镭的价格太贵了。"居里夫人不假思索地回答。

麦隆内夫人被玛丽感动了。她回到美国后，一方面撰写文章介绍居里夫人的成就与品格，一方面组织发起筹募玛丽·居里镭基金的全国性活动。不到一年时间，足够购买一克镭的钱数——十万美元凑齐了，麦隆内夫人给玛丽写信通报了这一情况，并热情地邀请玛丽携女儿们访问美国。

玛丽在美国受到了隆重、热烈的欢迎，差不多所有的城市和大学都邀请她们母女三人光临，学术团体和社会团体的请柬如雪片飞来，欢迎会、演讲会、宴会一个接着一个，奖章、名誉头衔、名誉博士学位都在等着她。她们每到一处，欢迎的队伍如浪潮般涌动着。一次，一个狂热的崇拜者在和她握手时，竟用力过猛，把她的手腕扭伤了。

1921 年 5 月 30 日下午，赠镭仪式在华盛顿举行。四点钟，一个双扇的门打开了，贵宾们步入会场。法国大使朱塞昂挽着美国总统夫人走在前面，后面是哈定总统挽着居里夫人，再后面是麦隆内夫人、伊雷娜和艾芙，以及"玛丽·居里委员会"的女士们。

哈定总统在作了热情洋溢的致词后，亲手把开启装着"象征镭"的匣子的钥匙挂在居里夫人的脖子上，并把赠镭证书送到她手里。

在美国的一个多月中，居里夫人参观访问了许多地方，最后于 6 月 28 日返回法国。在以后的年代里，她又周游了世界许多国家，如巴西、意大利、荷兰、英国、比利时、西班牙、捷克斯洛伐克……

当然，对于她的祖国波兰，居里夫人更是给予了深切的关注。在那里，为建立玛丽·斯可罗多夫斯卡·居里研究院而发起了一场募捐活动。1925 年，玛丽又亲临华沙，为这个研究院奠基。波兰共和国总统砌了研究院的第一块砖，居里夫人砌第二块，华沙市长砌第三块。

几天后，研究院建成了，但却无钱购买治疗癌肿所必需的镭。为此，玛丽再次求助于麦隆内夫人。1929 年，这位能干的记者终于又为玛丽的祖国募集到了一克镭。

那是 1894 年初，旅居瑞士的波兰籍物理学家科瓦尔斯基夫妇来巴黎旅行。这时的玛丽正在从事钢铁的磁性研究，但却碰到了实验条件方面的困难。她见到科瓦尔斯基后，向他谈到了这一情况。科瓦尔斯基对她说："我认识一位很有才能的学者，他在理化学校工作。我想，他或许有自己的实验室，至少可以帮助出个主意。你明天晚上到我这里来喝茶，我请这个年轻人也来。"

科瓦尔斯基所说的那位"很有才能的学者"，就是比埃尔·居里。他于 1859 年出生在巴黎的一个医生家庭。由于不能适应学校的正规教育，父亲欧仁·居里便对他进行家庭教育。比埃尔·居里成了理科学士，十八岁当上了理科硕士，十九岁开始在巴黎大学理学院当研究助手。他的哥哥雅克也是一个理科硕士。兄弟

俩一起从事研究工作，发现了一种重要现象：当压力加于某些不
对称结晶体，如石英、电气石等的时候，它的表面就会产生电
荷。这叫"压电效应"。根据这一效应，他们还发明了压电石英
静电计。其后，比埃尔当了巴黎市立理化学院的实验室主任，对
晶体物理学理论作了深入研究，提出了"对称原理"。此外，他
还发明了"居里天平"，发现了磁学中的"居里定律"。比埃尔的
这些成就为他赢得了世界性声誉，甚至连英国著名物理学家威廉
·汤姆生也对他十分钦佩。可在巴黎，他却默默无闻，工作条件
还很艰苦。

那天晚上，玛丽在科瓦尔斯基的寓所见到比埃尔，立即留下
了极好的印象：他那颀长的身材和潇洒的风度，那略显迟缓而审
慎的言谈，那庄重而活泼的微笑，那对科学问题深刻而犀利的见
解，都使玛丽对他产生了好感。

与此同时，玛丽那端庄娴雅的神态，那美丽的金发和浅灰色
的眼睛，那对科学的热烈而深沉的追求，也对比埃尔产生了强大
的吸引力。

他们很快陷入了爱情的漩涡。然而，两人的不同国籍和玛丽
一心返回祖国的愿望，在他们的爱情中投下了一道严重的障碍。
经过一年多的痛苦的摩擦、纠缠、交谈，他们终于越来越相互了
解，相互感到不能分离。

1895 年 7 月 26 日，这对恋人的婚礼在比埃尔的老家梭镇举
行。新婚夫妇购买了两辆自行车，双双骑着到郊外去旅行。这就
是他们度蜜月的方式。

5. 工作与品性

居里夫人热爱科学，努力工作，因为她把努力工作看作自己的唯一活着的目的。她说：

"那些很活泼而且很细心的蚕，那样自愿地、坚持地工作着，真正感动了我。我看着它们，觉得我和它们是同类，虽然在工作上我或许还不如它们组织得那么好。我也是永远耐心地向一个极好的目标努力。我知道生命短促而且脆弱，知道它不能留下什么，知道别人的看法完全不同，而且对自己的努力是否符合真理没有多大把握，我还是努力去做。我这么做，无疑是有什么使我不得不如此，有如蚕不得不作茧。"

良好的开端是成功的一半。初等教育阶段是一个人步入人生的开始，打下良好的科学基础是非常关键的。居里夫人童年时期的学习生活让她养成了爱祖国、爱科学的优良品格，这对她的一生影响巨大。爱因斯坦认为："在所有的著名人物中，居里夫人是唯一不为荣誉所颠倒的人。"

居里夫人的成功经验是："在科学上，我们应该注意事，不应该注意人。"

第二十二章　最伟大的物理学家：爱因斯坦

1. "20世纪的牛顿"

　　他独处黑夜的寂静，并未把那些思想的结晶带进黝黑的坟墓，还把灵魂的热力留给人们。像那光芒四射的慧星，从天际向我们瞭望，把它耀眼的光焰融入未来的曙光。

　　这是英国著名诗人凯尔斯·基廷对爱因斯坦的赞美。

　　"20世纪最伟大的科学家"、"20世纪的哥白尼"、"20世纪的牛顿"，这些称号都毫无疑问地给予了我们这一时代最具创造性才智的人物——爱因斯坦。

　　1879年春，爱因斯坦出生于德国乌耳姆市一个电器作坊的小业主家庭，德国犹太人。是当代最伟大的物理学家，人们称颂他为"20世纪的牛顿"，列宁则誉他为自然科学的"大革新家"。

　　爱因斯坦在中学读书时，善于独立思考、钻研问题。十五岁时因他父亲经营的小厂倒闭，全家迁往意大利的米兰，爱因斯坦便回到米兰家里。他到瑞士重新人学，最后在有名的苏黎世联邦工业学院学了四年物理学和数学。

1900 年春季毕业后，他成为瑞士公民，做了两个月数学教师，以后曾担任伯尔尼的瑞士专利局检查员。在生活上得到保障后，他和在大学里的情人米列娃于 1903 年结了婚。

1909 年任苏黎世大学理论物理学副教授，1911 年又任布拉格大学理论物理学教授。1912 年又回到瑞士任母校苏黎世联邦工业大学理论物理学教授。1913 年，德国物理学家普朗克和能斯脱来访，聘他为柏林威廉皇帝物理研究所所长兼柏林大学教授，同时被聘为普鲁士科学院院士。1914 年从苏黎世迁居柏林。1923 年获1921 年度诺贝尔物理学奖。

1933 年，在希特勒成了德国总理后不久，爱因斯坦放弃了德国国籍，离开了他的祖国。此后，他接受了新泽西州普林斯顿高级研究院数学学院的聘请，成为全时工作的基本成员。1940 年取得美国国籍，直到逝世。

2. 渴求正义的科学家

从小时起，爱因斯坦对知识的强烈的求知欲，就像一个永远填不满的无底洞，他的脑袋里经常有一些别人所不注意的问题。

爱因斯坦长到四五岁的时候，有一天，爸爸送给他一个罗盘。他接过罗盘，心花怒放，爱不释手地摆弄起来。罗盘中间那根针轻轻地抖动着，涂着红色的一端指向北方。他小心翼翼地转动盘子；那根针却不听指挥，红色的那一端仍然指向北方。他急了，猛地转一下身子，从面向北方转到面向南方，心想："这一回指针红端总该跟我走了吧？"但是定睛一瞧，他惊讶了：红的一端依旧指向北方。

"真怪呀！"爱因斯坦眨巴着眼睛，喃喃地说，"为什么指针的红端总是指向北方呢？"

他想问父亲，可没等说出口，就自己做出了解答："对，这根针的周围一定有什么东西在推着它！"

于是他翻来覆去地瞧着罗盘，想在指针周围找出神秘的东西。使他失望的是，他什么也没有找到。于是他更惊奇了。惊奇得目瞪口呆。

这件拨动爱因斯坦好奇心的小事，甚至在许多年以后，他仍在津津有味地回忆着。

随着爱因斯坦年龄的增大，能使他好奇的东西也越来越多。12 岁时，爱因斯坦得到了一本硬皮精装的几何教科书。这是一本"神圣的几何小书"，他怀着神秘又略带恐惧的心情把它翻开，从头一页欧几里得第一条定理读起，读得心醉神迷，一口气就读完了整本书。他惊叹几何定理的鲜明、严整和精密。有一些定理，他反复的琢磨思索，有时把整串的论证分成几个环节，尝试着不照书上的方法来加以证明。

许多年以后，爱因斯坦仍然清晰地记得这件事。他在《自述》中说：

"在 12 岁时，我经历了另一种性质完全不同的惊奇：这是在一个学年开始时，当我得到一本关于欧几里得平面几何的小书时所经历的。这本书里有许多断言，比如，三角形的三个高交于一点，它们本身虽然并不是显而易见的，但是可以很可靠地加以证明。这种明晰性和可靠性给我造成了一种难以形容的印象。至于不用证明就得承认公理，这件事并没有使我不安。如果我能依据一些其有效性在我看来是无容置疑的命题来加以证明，那么我就完全心满意足了。比如，我记得，在这本神圣的几何学小书到我手中以前，有位叔叔曾经把毕达哥拉斯定理告诉了我。经过艰巨的努力以后，我根据三角形的相似性成功地'证明了'这条定理；在这样做的时候，我觉得，直角三角形各个边的关系'显然'完全决定于它的一个锐角。在我看来，只有在类似方式中不是表现得很'显然'的东西，才需要证明。而且，几何学研究的对象，同那些'能被看到和摸到的'感官知觉的对象似乎是同一类型的东西。这种原始观念的根源，自然是由于不知不觉存在着几何概念同直接经验对象的关系，这种原始观念大概也就是康德提出那个著名的关于'先验综合判断'可能性问题的根据。"

一个 12 岁的孩子，在不可思议的感受中迷上了数学，而且初次领略了一个古老又永恒的哲学命题：思维与存在的关系。一个直角三角形，两条直角边的平方相加等于斜边的平方。这个平方并不是显而易见的，可是却能证明。人的思维能证明不是显而易见的事情，这是多么奇妙！爱因斯坦的伟大也许正在于此吧。

爱因斯坦不仅是伟大的物理学家，而且是维护正义事业、反对侵略战争、同反动派进行不屈不挠斗争的英勇战士。不管德国的政治形势多么恶化，爱因斯坦仍攻击国家主义，并推崇和平主义的理想，并为世界反法西斯战争作出了贡献。

总而言之爱因斯坦是一位纯朴的人，正直的人，一位爱好和平，反对战争的人，一位伟大的本真的科学家。

1955 年 4 月 18 日 1 时 25 分，爱因斯坦与世长辞。

巨星陨落了，世界一片悲恸。

3. "我是阿尔伯特！"

一个献身于科学的人总会在思想方式、心理状态、性格特征或生活习惯方面表现出与众不同。爱因斯坦也不例外。

忘记带钥匙，是爱因斯坦的老毛病。还在苏黎世上大学的时候，每当夜深人静，邻居们常常可以听到他站在大门口压低了嗓音朝门缝里喊："房东太太，我是阿尔伯特！实在对不起，我又忘记带钥匙了！"

1903 年 1 月 6 日下午，爱因斯坦匆匆离开办公室，去和大学时的同学米列娃结婚。婚礼喜宴结束以后，他就和新娘手拉着手，高高兴兴走回坐落在克拉姆胡同的新居。刚走到大门口，爱因斯坦一摸口袋，突然呆住了。

"哎呀，糟糕！"他狠狠地拍了一下大腿，神情懊悔地说。

"怎么啦？"新娘惊异地问，"大门钥匙没有带吧？"

"是的。"爱因斯坦抱歉地说，"亲爱的，请原谅，我现在就去拿。"说完，他转身向办公室一路小跑而去。

还有一次，在他过生日时，朋友们特地为他订了一盘俄国鱼子酱。

宴会进入高潮时，这盘美味佳肴端上来了。这时候爱因斯坦

正在滔滔不绝地讲惯性问题。他一边吃着鱼子酱,一边继续谈论惯性:

"牛顿说,物体的惯性是对绝对空间讲的。马赫却说,物体的惯性是对遥远的星系讲的。他们二位究竟谁说得对呢?"

爱因斯坦讲完惯性问题,鱼子酱也吃完了。可以看得出,他吃得津津有味,朋友们尽让着他吃。

"阿尔伯特,你刚才吃的是什么东西呀?"一位朋友故意问道。

"啊,"爱因斯坦摇摇头说,"不知道,是什么东西呢?"

"是鱼子酱呀!"

"怎么?"爱因斯坦惊讶地说,"是鱼子酱,我怎么没有尝出来!"

想到这里,米列娃暗暗觉得好笑。她摇着头喃喃地埋怨说:"唉,他这个人呀,真拿他没有办法!他的头脑里不知整天想些什么。"

据说在爱因斯坦移居美国、担任普林斯顿高级研究所主任以后的一天,发生了这样一件有趣的事:

爱因斯坦办公室的电话嘀铃铃地响个不停。秘书拿起听筒,听到一个德国口音很重的人用英语在问:"请问,我能不能跟主任谈话?"

"很抱歉,主任不在。"秘书客气地回答说。"那么,您能不能告诉我:爱因斯坦博士住在哪儿?"打电话的人急切地问。

"实在对不起,不能奉告。"秘书耐心地解释说,"因为爱因斯坦博士规定,绝对不准许别人去他住所干扰他的研究工作。"

　　这时候，听筒里的声音突然变得很微弱，只能隐约听见："请您不要告诉别人，我就是爱因斯坦博士。我正要回家去，可是忘记住在哪里了。"

　　生活中的不拘小节甚至笨拙，并不能掩盖爱因斯坦那惊人的科学发现和高洁的人格魅力。爱因斯坦一生弃绝名利，献身科学事业，真正实现了自己的诺言："我自己只求满足于生命永恒的奥秘，满足于觉察现存世界的神奇的结构，窥见它的一鳞半爪，并且以诚挚的努力去领悟在自然界中显示出来的那个理性的一部分，即使只是其极小的一部分，我也就心满意足了。"

　　有一次，他的儿子爱德华不解地问他："爸爸，说真的，你为什么那么出名呢？"

　　爱因斯坦听了哈哈大笑，然后又郑重其事地回答："你看，甲虫在球面上爬行的时候，察觉不出它走的路是弯曲的。我呢，正相反，有幸察觉到了这一点。"

　　还有一次，一个年轻人向他请教取得成功的秘诀。他随手写了一个公式作为回答：

$$A = x + y + z$$

　　他还解释说："A 表示成功，x 代表艰辛的劳动，y 代表正确的途径和方法。"

　　"那么，这个 z 呢？"青年人急切地问。

　　爱因斯坦思索了一下，答道："z 代表不说空话。"

　　爱因斯坦之所以在科学上取得如此卓著的成绩，不也正是按照这个公式行事的吗！

　　爱因斯坦的相对论推翻了以牛顿力学为基础的经典物理学，

当时科学界的舆论逐渐发生倒转，以为经典物理学毫无价值，牛顿被打倒了。对此爱因斯坦感到无法认同。

当《泰晤士报》请他写一篇介绍相对论的文章时，他却感到义不容辞的澄清观点的责任。他要借此机会感谢英国同行对一个敌国科学家的理论的验证，要在一片"牛顿被推翻了"的叫喊声中，表达自己对牛顿的敬意。他在文章中写道："人们不要以为，牛顿的伟大工作能被这一理论或者任何别的理论所代替。他伟大而明晰的观念，作为自然哲学领域里整个近代概念结构的基础，将永远保持它独特的意义。"

1952 年，以色列第一任总统魏茨曼去世以后，人们纷纷议论说，爱因斯坦将要接任共和国总统。

一天晚上，一位记者打电话询问爱因斯坦："听说要请您出任共和国总统，教授先生，您会接受吗？"

"不会！"爱因斯坦直截了当地回答说，"我这个人当不了总统。"

"哎，总统的职位是象征性，他没有什么具体事务。"记者解释说，"教授先生，您是最伟大的犹太人，也是全世界最伟大的人。您当以色列总统，象征着犹太民族的伟大，没有人比您再合适了。"

"不，您过奖了，"爱因斯坦非常严肃地说，"我干不了！"

记者的电话刚打完，以色列驻美大使接着打来了电话。他是奉以色列总理之命特意向爱因斯坦探询的。大使试探性地问："教授先生，我想请问一下，如果提名您当总统候选人，您愿意接受吗？"

　　"哦，大使先生，我这样的人，怎么配当总统呢？关于自然，我算是了解一点，可关于人，我几乎一点也不了解！"接着爱因斯坦央求说，"请您向报界解释一下，帮我解解围。您可知道，这些日子我这里太不安宁了。"

　　"教授先生，已故总统魏茨曼是您的老朋友，他也是教授呀。我想您完全能够胜任。"

　　"不，魏茨曼同我不一样。"爱因斯坦语气坚决地说。"他能胜任，而我不能！"

　　"教授先生，"大使深情地劝驾说，"每一个以色列公民，不，全世界每一个犹太人，都在期待着您呢！"

　　"那……我怎么办呢？"爱因斯坦神情异常激动，一时不知说什么好。稍停片刻，他叹息着说：　"唉，看来我要使他们失望了。"

　　过了几天，大使亲自驱车前往爱因斯坦寓所，给他带来了以色列总理的亲笔信。当爱因斯坦看到信上说他已经正式被提名为总统候选人时，连连摇头说："不，不，我早就说过，我当不了总统！"

　　尽管大使再三劝说，始终没有能改变爱因斯坦的主意。为了减少因这件事带来的打搅，第二天，爱因斯坦还郑重其事地发表声明，正式谢绝了要他出任总统的邀请。

4. 怀疑与创新

没有比人更高的山，没有比脚更长的路。爱因斯坦所以能在科学上取得如此卓越的成就，一方面由于他坚持实践；另一方面要归功于他的哲学批判精神。他从小爱好哲学思考，13 岁开始读康德的著作。在伯尔尼的最初三年里，他同两个青年朋友经常晚上在一起学习、讨论各家哲学著作，谈论哲学和科学的各种问题。

爱因斯坦所以要研究哲学，主要是为了解决物理学中的矛盾。他的哲学主导思想可以说是：唯理论的唯物论。正是这种思想使他不苟同于以波尔为首的哥本哈根学派对量子力学的哲学解释，并同他们长期论战。

爱因斯坦不仅是一位伟大的科学家和一位富有哲学探索精神的杰出的思想家，同时还是一个正直的、有高度社会责任感的人。他深切体会到一个勤恳的科学工作者的劳动成果对社会将会产生怎样的影响，一个有远见的知识分子对社会要负怎样的责任。他一心希望科学造福于人类，而不要成为祸害。他一贯反对侵略战争，反对军国主义和法西斯主义，反对民族压迫和种族歧视，为人类的进步进行坚决的斗争。凡是他所经历的重大政治事件，他都要公开表明自己的态度；凡是他所了解到的社会黑暗和政治迫害，他都要公开谴责，否则，他就觉得是在"犯同谋罪"。这突出地表现在 20 年代到 30 年代同德国纳粹的斗争和 50 年代同美国麦卡锡分子的斗争中。一个在自然科学创造上有历史性贡献的人，对待人类社会问题如此严肃、热情，历史上没有先例。

爱因斯坦一生的科学成就是极其辉煌的，他在科学史中的地位只有哥白尼、牛顿和达尔文等可以相比拟。但是，他从来不固步自封，永远不满足于自己已经取得的成果，永远虚怀若谷地不断向前探索未知的真理。他辛辣地嘲笑那些自以为有权就有真理的人，说："谁要是把自己标榜为真理和知识领域里的裁判官，他就会被神的笑声所覆灭。"爱因斯坦的成功，缘于他弃绝名利，献身科学的精神，缘于他以真理为贵的勇气，更缘于他不拘常规，走自己的路的不懈的探索真理的毅力。"没有比人更高的山，没有比脚更长的路。"爱因斯坦所走过的道路，正是我们人类所应走过和必须走过的道路。居里夫人说："我非常钦佩爱因斯坦先生在现代物理学有关的问题上所发表的著作。而且，我相信所有的数学物理学家都一致认为这些著作是最高级的。在布鲁塞尔，我出席一次科学会议，爱因斯坦先生也参加了。我得以欣赏他思想的清晰，引证的广泛，知识的渊博。如果考虑到爱因斯坦先生现在还年轻，我们就有充分权利对他寄以最高的希望，把他看成未来最优秀的理论家之一。我认为，一个科学研究机构，若以爱因斯坦先生应得的条件聘请他为教授，使他有机会从事自己所渴望的工作，仅仅由于这一决定，就能够受到高度的尊敬，而且肯定对科学也作出伟大的贡献。"

爱因斯坦是 20 世纪最富创见的思想家之一。他虽然年轻，却已经在当代第一流科学家中间居有最崇高的地位。我们应当特别赞赏他的是他善于适应新的概念并知道如何从这些概念引出各种结论的灵巧。他不受古典原理的束缚，而且每当物理学中出现了问题，他很快就想象出它的各种可能性。这一点使得他在思想中立即能预言一些日后可由实验证实的新现象。我的意思并不是说，所有这些预言都会满足实验的检验，如果有可能做这些检验的话。相反的，既然他是在各方面进行探索，我们也应当想到他所走的道路之中大多数是死胡同。不过，我们同时也应当希望他指出的方向中，有一个方向是正确的，那也就足够了。下面，我们来看一下爱因斯坦自己的工作态度和人生理想：

要追究一个人、自己或一切生物存在的意义或目的，从客观的观点看来，我总觉得是愚蠢可笑的。可是每一个人却有理想，这种理想决定着他的努力和判断方向。就在这个意义上，我从来不把安逸和享乐看作是生活目的本身——这种伦理基础，我叫它猪栏的理想。照亮我的道路，并不断地给我新的勇气去愉快地正视生活的理想，是善、美和真。要是没有志同道合者之间的亲切感情，要是不全神贯注于客观世界——那个在艺术和科学工作领域里永远达不到的对象，那么在我看来，生活就会是空虚的。人们所努力追求的庸俗的目标——财产、虚荣、奢侈的生活——我总觉得都是可鄙的。

我的政治理想是民主主义。让每一个都作为个人而受到尊重，而不让任何人成为崇拜的偶像。我自己受到了人们过分的赞扬和尊敬，这不是由于我自己的过错，也不是由于我自己的功劳，而实在是命运的一种嘲弄。其原因大概在于人们有一种愿望，想理解我以自己的微薄绵力通过不断斗争所获得的少数几个观念，而这种愿望有很多人却未能实现，在人生丰富多彩的表演中，我觉得真正可贵的，不是政治上的国家，而是有创造性的、有感情的个人，是人格。

让那些脆弱的灵魂，由于恐惧或者由于可笑的唯我论，去拿这种思想当宝贝吧！我自己只满足于生命永恒的奥秘，满足于觉察现存世界的神奇的结构，窥见它的一鳞半爪，并且以诚挚的努力去领悟在自然界中显示出来的那个理性的一部分，即使只是极小的一部分，我也就心满意足了。

是的，人人都要死的。在这一点上，也只有在这一点上，人人都是平等的。死，是最终的解脱，永恒的自由。死，解除了我们身上的一切枷锁——物质的、精神的、有形的、无形的。谁看到过死人痛苦呢？只有死人和没有出生的人，才不必惧怕明天的不幸和灾难。可是，人类普遍地惧怕死。又是二个难解的谜。世界上，宇宙中，有多少难解的谜啊，还是抓紧时间工作吧！

第二十三章　怀疑一切的科学斗士：罗素

1. 站在哲学的高峰上

　　如果有人问，20 世纪声誉最为卓著的学者是谁？恐怕罗素会首屈一指。这位声名煊赫的科学家为人类社会的发展作出了卓越的贡献。在他漫长而辉煌的人生旅程中，他扮演了许许多多不同的"角色"，但每一次"表演"他都是站在历史的潮头，扮演着时代先锋的"角色"。罗素是 20 世纪声誉卓著、影响深远的思想家之一，永远站在哲学的高峰上。

　　罗素是英国哲学家、数学家、逻辑学家，分析哲学的主要创始人，世界和平运动的倡导者和组织者。1872 年 5 月 18 日生于英国曼摩兹郡的特雷克。1890 年考入剑桥大学三一学院，后曾两度在该校任教，1908 年当选为皇家学会会员，1910 年至 1913 年期间出版了著名的《数学原理》，成为分析哲学的奠基之作。1920—1950 年间从事思想意识领域的研究。1950 年获诺贝尔文学奖。50 年代后，他又将目光转向世界和平，成为世界和平运动领袖，并荣获世界和平奖。60 年代末期出版了著名的《罗素自传》

（1—3 卷），1970 年 2 月 2 日病逝于英国的威尔士。

2. 活跃的个性

罗素是一个温和甚至羞怯的人，作为一个朋友、伙伴和健谈者，他都非常令人愉快。他很会施展自己的智慧和博学，谈起世界的名人轶事他滔滔不绝。他的魅力，加上他在英国贵族上流社会中的位置，给他带来了遍及世界的朋友。他的朋友各种各样，从尼采时期的到萨特时期的都有。

他的朋友包括哲学家，如怀特海和维特根斯坦；科学家如爱因斯坦、尼尔斯·波尔和马克斯·博恩；作家如沃德豪斯、约瑟夫·康拉德、福斯特和埃利奥特以及肖伯纳等；政治家如西德尼、韦伯、列宁以及托洛斯基。他的朋友数以百计，罗素同他们保持着活跃的联系。有人推算过，他一生实际上每三十小时就写一封信。

罗素年轻时枯瘦，一头黑发，喜欢留着八字胡，穿着浆直的高领服装。在他的中年时期，他变得更加消瘦，不再留八字胡，像一个受凉挨饿的麻雀。他那一双明亮的眼睛，微微的笑容，再加上一头白发，给他造成一副哲人的形象，既冷淡而又善良，是幅人们愿意勾画的面容漫画。罗素同时又是一个坦诚的，说真话的人。他虽然写过一本关于相对论秘密的书，但是他幽默地承认他不会换灯泡，不懂汽车发动机的原理。可对所有的事情，他都能有自己的道理。美国出版商威廉·乔瓦诺维克回忆说，在哈佛大学当学生时，他总是到食物便宜而不太好的餐馆吃饭。乔瓦诺维克说："我总是坐在一张长长的公用餐桌前，很多时候罗素也坐在那里。有一天我控制不住好奇心问道：'罗素先生，我知道自己为什么在这里吃饭，因为我穷。可是为什么你也在这里吃饭？'他说：'因为在这里从来没有人打扰我。'"

罗素爱好文学，并且文笔不错，他将文学看作一种消遣，一种武器，在他的一生中，写过无数篇不同类型的文章。他不是一个文学家，却获得了文学家最高的荣誉——诺贝尔文学奖，这真是一出"人间喜剧"。

3. 理性之思

罗素在其漫长的一生中，完成了40余部著作，涉及哲学、数学、科学、伦理学、社会学、教育、历史、宗教以及政治等各个方面。他的首要事业和建树是在数学和逻辑领域，对西方哲学产生了深刻影响。中年时期的有关道德、政治、教育、和平主义等方面的著述，激励和启发了富于进取精神的人。晚年在积极反对制造核武器和反对越南战争的斗争中，成为全世界有理想青年的鼓舞者。他出身于英国贵族家庭，早在11岁时就产生了对宗教的怀疑。这种情况决定了罗素哲学生涯的风格和目标，即以怀疑主义和谨慎的风格，探究"我们能知道多少以及具有何种程度的确定性和可疑性"。1890年考入剑桥三一学院，在麦克塔格特影响下成为绝对唯心主义者。1898年参加了穆尔领导的对绝对唯心主义的反叛运动，从此转变成为经验主义者、实证主义者和物理实在主义者。他认为科学的世界观点大都是正确的观点，在这一基本前提下，确定其哲学事业的三项目标。最根本的是把人类认识上的虚荣、矫饰减少到最低限度并用最简单的表达方式。这一目标体现在他的《意义与真理的探究》（1940）和后期主要著作《人类的知识：它的范围和界限》（1948）。第二个目标是建立逻辑和数学之间的联系。《数学原理》（1903）就是要表明数学可以从极少数逻辑原则推演出来。第三个目标是分析的，假设从语言可以推论它所描述的世界。这一目标出现在其摹状词理论、逻辑固执子主义以及《物的分析》（1927）、《心的分析》（1921）两部著作中。这两部著作的中心论题是：心和物是相同"中立要素"的不同"构造"。1910－1913年间与哲学家和数学家怀特海共同完成了3卷本的《数学原理》。尽管他们承认并没有彻底完成从自明的逻辑原理推导出数学系统的目的，但这部著作对于逻辑学家的影响却是巨大的。自从《数学原理》出版后，罗素的哲学工作主要是分析方面的，成为哲学分析运动的鼓舞者之一。1950年获诺贝尔文学奖。50年代以后他的注意力从哲学转移到国际政治方面。1954年谴责比基尼氢弹试验，随后又发表罗素—爱因斯坦声明；1958年发起禁止核武器的示威运动。60年代后期，猛烈攻击美国的越南政策，并与法国存在主义者萨特等人组织了国际战争罪犯审判法庭。60年代的最后3年他的3卷本自传出版，这是他的最佳作品。

4. 他是"英格兰最聪明的傻瓜"吗?

罗素很幽默,他虽写过一本关于相对论秘密的书,但坦然承认他不会换灯泡,不懂汽车发机原理。获得诺贝尔文学奖后,从没写过文学作品的罗素竟开始写起小说来。第一部小说 1951 年匿名发表,并悬赏猜测作者何人,结果无一人猜中,因为谁也不会相信,这位年近 80 岁,负有盛名的哲学家还有写小说的雅兴。但他获得了意外的成功。1967 年和 1969 年间,罗素先先后后出版了三大本自传,这是他的最佳作品。

罗素一向热衷于政治理论的探讨,并积极参与各种政治活动。早在 1895 年,他第一次结婚之后,同妻子一起旅游了欧洲大陆,他研究了经济和德国社会的民主,并盛赞《共产党宣言》和三大卷《资本论》都是极富文采的伟大名著。当时他与社会民主党领袖、马克思主义者倍倍尔、李卜克内西都有往来。当然,这些交往并没有改变他的唯心史观。

第一次世界大战期间,他积极从事反战活动。他参加了禁止征兵协会,发表了一系列呼吁和平的演讲,对拒绝参加罪恶战争的人给予真诚帮助。1916 年因为撰写反战传单被罚款 100 英镑,由于其拒付,法庭就拍卖了他在剑桥大学的图书作抵押。随后三一学院也解除了他的教职。1918 年,他又给反战报纸写社论,因"侮辱同盟国"而被监禁 6 个月。鉴于其名声,他被判决在布里克斯顿监狱的一个小屋中写作和研究。战争结束后,罗素访问了苏联，会见了列宁、托洛茨基和高尔基，他对共产主义者信仰的目标表示同情，但也对苏联的政治和社会生活方式表示忧虑。1920 年 8 月，罗素访问了中国。在北京，他多次发表演说，介绍他的著作《心的分析》和《物的分析》，以及爱因斯坦的相对论。还向共产主义小组的成员及改良派的梁启超等介绍了苏俄的社会主义，他一贯同情被压迫民族。在英布战争中，他站在布尔人一边，为此他在英国贵族中极为孤立。

在 20 年代第二次婚姻之后，他和妻子建立一所实验学校——比肯山学校，旨在促进教育。对学生采取自由民主的教育方式，这在英美产生了广泛影响。

1934 年，他的《自由与胆识：1814—1914》问世，在书中他具体系统阐述了自己的政治思想，提出政治、经济和历史人物是社会政治史的三个重要方面的观点。1938 年，他又撰写《权力》一书，主张实现"驯服权力法"，以限制某些政客的权力欲望。

随着希特勒的上升，罗素反对纳粹方式，但他也同时反对导致战争的任何步骤。德国人侵捷克斯洛伐克和波兰以后，他的态度于 1939 年有所改变，认为"反对纳粹的战争是必要的"。二战结束后，他的声名日益显赫，荣誉纷至沓来。1949 年，他被选为英国科学院院士，1950 年，他"因写了多方面有意义的著作，并在这些著作中，作为人类和思想自由的斗士出现"而获得诺贝尔文学奖金。

50 年代以后，罗素的注意力从哲学转移到国际政治方面，成为保卫和平的英雄战士。1953 年，美国试验了一颗氢弹，这改变了他的政治观点。他原先以为与其在独裁下生活，毋宁打一场战争；现在他主张与其打一场战争，毋宁在独裁下生活，表现了他对未来战争的担忧。1954 年 12 月，罗素在英国广播公司发表《人类面临的危险》的广播讲话，严厉谴责比基尼氢弹试验。1955 年初，又起草并发表有各国科学家签名的著名的罗素—爱因斯坦禁核声明。他还召开记者招待会，致函各国首脑，并且筹备世界著名科学家讨论废除核武器问题的会议。多次组织核裁军运动，甚至带头静坐示威。1961 年为反对美国政府发展核武器，89 岁高龄的罗素偕夫人参与了伦敦游行示威，结果被判处两个月的监禁。

由于他积极地卷入一些事件，而且屡次出面发表断然性声明，他受到许多谴责甚至挖苦，嘲笑他的人说他是"英格兰最聪明的傻瓜"。

针对罗素谴责美国的越南政策和他企图公开美国反人道的行径，有的人对他进行了最严厉的批评。奇怪的是，批评不仅来自于战争的支持者，而且还来自于北越的公开盟友苏联。罗素认为这种批评是立不住脚的，是受了美国的支配。

他在越南问题上尖酸刻薄的态度产生于对核战争可能性的忧虑。他曾经提出，防止核战争的威胁要迫使苏联裁军。到 50 年代中期，他的看法变得严肃起来。他通过英国百人委员会努力唤起群众反对核武器。

后来在 1962 年古巴导弹危机时期，他急速向肯尼迪总统和赫鲁晓夫总理发出信件，要求他们举行高级会谈，避免战争。虽然肯尼迪简慢地回绝了他，但是他深信自己在和平解决争端方面已经起了作用。在 1963 年出版的一本书中，收入了这些通信，也收入了中印边界冲突时期他给尼赫鲁和周恩来以及其他领导人的信件。对于解决这一冲突，他也抱有一定信心。

罗素不是共产主义者。他说："我不喜欢共产主义，因为它不民主；我不喜欢资本主义，因为它有利于剥削。"直到1953年斯大林死去，他一直没有放松对苏联的批评。他后来缓和了态度，是因为他认为斯大林以后的领导者对世界和平比较负责任。但在越南冲突问题上，他确信美国的行为是由阴险的经济和政治动因支配的——企图攫取东南亚的原材料和同中国进行战争。

罗素坚持这样的立场，他认为美国是"世界的超级强国"，它扩大了战争，对此负有"完全的责任"。他把美国的行为比作德国占领捷克斯洛伐克、法国在阿尔及利亚的恐怖和苏联对匈牙利的控制。

1967年春天，他对一位来访者说："不论发生什么事情，我都不会对谋杀或屠杀保持沉默。无论谁是这种行径的参与者，他都是一个可鄙的人。很抱歉，我对此不能宽容。

"我所希望的是美国人将起来反对，他们自己去思考就会开始认识到这种灾难是不值得的。"

通过在越南收集到的资料，罗素相信美国犯下了战争罪行。他提供资金组织了对美国领导人的模拟裁判。由琼斯·保罗·萨特和艾萨克·多伊彻主持的战犯法庭于1967年5月在斯德哥尔摩开庭，并对美国军队的活动提出详细公诉。虽然美国国务院并不理会这个法庭提出的证据，但罗素对这一事件十分感动。后来这一法庭仅仅引起小小的波动，在某种程度上是因为欧洲共产党的报纸联合抵制它的诉讼。

　　罗素后来谴责苏联入侵捷克斯洛伐克，他也同样批评捷克领导人，因为他认为捷克领导人同入侵者妥协了。

　　由于他的观点尖锐，有些人说他衰老了，是他的秘书罗尔夫·舍恩曼捉弄的对象。舍恩曼也担任罗素和平基金会的秘书，参与战犯法庭的活动。一些没有偏见的记者到罗素的家中走访，发现这位虚弱的哲学家非常机敏。在谈到舍恩曼时，他说："你们知道，他是一个相当轻率的年轻人，我不得不约束他。"

　　1969年12月，罗素在舍恩曼宣布由基金会美国分会对美国士兵在越南的嫌疑暴行进行调查后否认同他有任何关系。罗素说，舍恩曼这个美国人早在3年多以前就不是他的秘书了。

5.　怀疑一切

　　正如罗素自己所说："我对大多数事情都表示怀疑"。罗素是一个善于提问题的人，他的心中充满了求知的渴望，并且为此而奋斗了一生。我想罗素之所以取得如此巨大的成就，与他心中独有的那份"怀疑一切"的信念有密切的关系。罗素在谈到自己时说：

　　（1）但是生活在今日这样的世界中，对抽象的事物从事专心的思考，似乎愈来愈困难了。日常生活的庸俗世界已经在压迫着哲学家，而哲学家的象牙塔也开始崩溃了。因此（人类的未来）这个问题吸引了我的思想。我的童年时代是在维多利亚黄金的乐观时代环境中度过的，虽然这个时代令人舒适的愉快已经不会再

有了，但是我并未完全绝望。我觉得我们仍然保留着不少令人愉
快的东西，虽然现在并不是一个令人愉快的时代，但是只要我们
人类有某种毅力，有某种透视未来的远见，我觉得我们人类还是
有希望的。我的确很坚定地觉得是有希望的。在我们的面前，也
许可能有一段痛苦的日子，不过我坚信不管经过怎样的痛苦和灾
难，人类定会从这些可怕灾难中解脱出来，并且进到一个比过去
任何时代更快乐更幸福的世界。同时我也深信人类终将会恢复互
相容忍的习惯，虽然这种习惯现在似乎已经消失了；而野蛮的暴
力统治亦不会永远存在于我们世界。人类必须了解，今日人类的
痛苦仍是由于单纯文明技巧的发达而整体人类的文化智慧并未增
加所致。道德与智慧的需要是无法解脱的纠缠。恶劣的热情使人
类看不见真理，而谬误的信仰却一再为这种恶劣的热情作辩证。
假如世界想从痛苦与迷惘中解脱出来，那一定需要（清晰的思
想）与（仁慈的感情）的帮忙才能达成，但是人类不经历巨大的
灾祸，也许无法获得真正的教训。我希望我们人类将不会如此；
我希望人类能从较轻微的痛苦中，获得智慧的启示。但是不管经
过如何崎岖的道路，我深信创造新世界所必需的新智慧终于会为
人类所了解。因此我相信人类历史上最好的时代不是在过去，而
是在未来。

　　（2）三种简单而又极度强烈的情感支配着我的一生：对爱情
的渴望、对知识的追求和对人类苦难的深切同情。只有一种情感
即对爱情的渴望得到了完全的满足。我一向具有追求透澈、精确
和鲜明轮廓的热忱，同时我也恨那含糊，暧昧的观念，但是这一
点却使很多人认为我没有感情。因为我永远不明白为什么人们说

我寡情，我不知道原因何在，但是我的确喜欢透澈和精确的思考，我相信这对人类是很重要的。因为当你让自己精确地思考到你的偏见，你的固执，你的不自觉的私心时，你便不舍做坏事了。自欺是一件最容易的事，所以我认为清澈的思考是非常重要的。同时一般似乎有个错误的假定，认为任何一个人一旦怀有感情，就会耽于自欺一事，自愿地选择住在一个愚者的乐园，并认为再也没有其他种类的乐园了。我无法同情这种观点，我愈是对一件事情感到兴趣，便愈想要了解有关它的事实与真相，尽管这些事实与真相，可能会使我感到不快。

（3）一般地说，我认为自己不是一个固执已见的人。我对大多数事情都表示怀疑。我认为在我身上，怀疑论要比绝对说深厚得多。但是，如果你要进行宣传，你当然必须作出绝对性的声明。

罗素是一个冷静把握自己，追求纯正思想的哲人，时刻对新智慧有一种向往之心，而且认为未来比过去更美好。这种心境往往给罗素带来一种关爱世界的情怀。